Norbert Thom
Vera Friedli

Hochschulabsolventen gewinnen, fördern und erhalten

Praxishilfen für Unternehmungen
herausgegeben von

Prof. Dr. Rudolf Grünig, Freiburg
Prof. Dr. Richard Kühn, Bern
Prof. Dr. Norbert Thom, Bern

Norbert Thom
Vera Friedli

Hochschulabsolventen
gewinnen, fördern und erhalten

2., durchgesehene Auflage

Haupt Verlag
Bern · Stuttgart · Wien

1. Auflage: 2003

Bibliografische Information der *Deutschen Bibliothek*

Die Deutsche Bibliothek verzeichnet diese Publikation in der Deutschen Nationalbibliografie;
detaillierte bibliografische Angaben sind im Internet über http://dnb.ddb.de abrufbar.

ISBN 3-258-06759-7

Alle Rechte vorbehalten
Copyright © 2004 by Haupt Berne
Jede Art der Vervielfältigung ohne Genehmigung des Verlages ist unzulässig
Umschlaggestaltung: René Tschirren
Dieses Papier ist umweltverträglich, weil chlorfrei hergestellt,
es stammt aus Schweizer Produktion mit entsprechend kurzen Transportwegen
Printed in Switzerland

www.haupt.ch

Vorwort

Das vorliegende Buch konzentriert sich auf die Mitarbeitergruppe der Hochschulabsolventen und zeigt mit der Gewinnung, Förderung und Erhaltung sensible Schlüsselaktivitäten im Wettbewerb um ‚die Besten' aus der Sicht des Unternehmens auf. Verschiedene Gründe haben uns dazu bewogen, die Hochschulabsolventen der wirtschaftsnahen Studien in den Mittelpunkt dieser Publikation zu stellen. Sie sollen im Folgenden kurz erläutert werden.

Bereits in der Vergangenheit konnte – zumindest in den deutschsprachigen Ländern – ein Trend zur zunehmenden Akademisierung des Beschäftigungssystems festgestellt werden. „So bildeten in den 90er Jahren die Akademiker (in Deutschland) die einzige Qualifikationsgruppe, die in West und Ost Beschäftigungszuwächse erzielen konnte – bei gleichbleibendem Niveau der Arbeitslosigkeit" (Netzwerk WEGE INS STUDIUM 2002: S. 9, Ergänzung durch die Verfasser). Die Abschlussquote an den universitären Hochschulen nahm seit 1980 in der Schweiz stetig zu. Waren es damals noch 5,9 % der vergleichbaren Altersgruppe so beträgt die Quote inzwischen rund 10,2 % (Stand 2001). Von den 99'569 Studierenden – davon 46'268 Frauen – befanden sich 2001 rund 14'000 im Studium der Wirtschaftswissenschaften (vgl. Bundesamt für Statistik 2003: Online).

Als weiteres Auswahlkriterium mag gelten, dass die Gruppe der Hochschulabsolventen eine geeignete und bezüglich der Vorbildung relativ homogene Ausgangsgruppe bildet, welche sich häufig auch durch höheres berufliches Potenzial im Sinne eines High Potentials auszeichnet. Einerseits steigt der Bedarf an High Potentials bei vielen Unternehmen stetig, andererseits nimmt das Angebot an derselben Mitarbeitergruppe nicht zu, was zu einer deutlichen Verschärfung der Lage auf dem Arbeitsmarkt führt. Erschwerend kommt hinzu, dass die Unterscheidung von Low Potentials und High Potentials häufig erst nach einigen Jahren Praxiseinsatz vorgenommen werden kann. Unternehmen sind folglich insbesondere in ihren Selektions- wie auch Erhaltungsaktivitäten stark gefordert.

Last but not least war für die Autoren von vornherein klar, dass nur eine Mitarbeitergruppe für diese personalwirtschaftliche Analyse in Frage kommt, bei der sie effektiv eine Fülle eigener Studien und somit eine grosse Menge an empirischen Ergebnissen und Erkenntnissen aus erster Hand als Grundlage verwenden können. Im Bereich der Gewinnung (Personalmarketing aus Sicht der Studierenden), Förderung (Trainee-Programme in der Schweiz und Deutschland; betriebliche Karriereplanung in der Schweiz) und Erhaltung von Hochschulabsolventen sowie High Potentials (Retention-Management) verfügen die Autoren über zahlreiche fundierte Studien mit aktuellen Ergebnissen und Zeitvergleichen, welche in diese Publikation einfliessen. An dieser Stelle danken wir den verschiedenen Koautoren und Mitarbeitern bei den im Text erwähnten Studien des Instituts für Organisation und Personal (IOP) der Universität Bern. Ein besonderer Dank gilt Frau Regine Moser, lic. rer. pol., die nicht nur an der Studie über die Personalerhaltung von High Potentials intensiv mitwirkte, sondern auch an den Korrekturarbeiten für das vorliegende Buch wesentlich beteiligt war.

Primär richten wir uns mit dem bewusst knapp gehaltenen Text an Personen, die bei der Gewinnung, Förderung und Erhaltung von Hochschulabsolventen in Unternehmen und anderen Institutionen Verantwortung tragen. Ihnen wollen wir empirisch unterstützte ‚Praxishilfen' bieten. Gleichzeitig bedanken wir uns dafür, dass wir mit der Praxis durch unsere Studien immer wieder in einen ergiebigen Informationsaustausch treten konnten.

Bern, im Juli 2003   Prof. Dr. Norbert Thom
                                                            Dr. Vera Friedli

Vorwort zur 2. Auflage

Wir freuen uns sehr, dass dieses kompakte Buch so schnell von der Zielgruppe positiv aufgenommen wurde und nach wenigen Monaten eine zweite durchgesehene Auflage erscheinen kann.

Bern, im Januar 2004   Die Verfasser

Inhaltsverzeichnis

Vorwort	V
Vorwort zur 2. Auflage	VI
Inhaltsverzeichnis	VII
Abbildungsverzeichnis	XI
Tabellenverzeichnis	XIII
Abkürzungsverzeichnis	XV

Teil I: Konzepte zur Gewinnung, Förderung und Erhaltung von Hochschulabsolventen ... 1

A) Hochschulabsolventen gewinnen	**2**
1 Übersicht	2
2 Gewinnung der Zielgruppe	3
2.1 Hochschulabsolventen als potenzielle High Potentials	3
2.2 Verständnis des Personalmarketings	3
2.3 Hochschulmarketing	5
2.3.1 Hochschul-Sponsoring	6
2.3.2 Präsenz an Hochschulmessen	6
2.3.3 Vergabe von Praktika und Lizentiatsarbeiten	7
2.4 Electronic Recruitment	8
2.4.1 Die Bedeutung des Internets für die Gewinnung von Hochschulabsolventen	8
2.4.2 Instrumente des Personalmarketings im Internet	8
3 Assessment-Center	10
3.1 Ablauf des AC	11
3.2 Variationen des AC für Hochschulabsolventen	12

B) Hochschulabsolventen fördern 14

- 4 Einleitung 14
- 5 Trainee-Programme 15
  - 5.1 Arten von Trainee-Programmen 15
  - 5.2 Kritische Würdigung des Trainee-Programms 17
- 6 Betriebliche Karriereplanung 19
  - 6.1 Begriffsverständnis 19
  - 6.2 Ausgewählte Karrieremodelle 19
    - 6.2.1 Die Führungskarriere 20
    - 6.2.2 Die Fachkarriere 21
    - 6.2.3 Die Projektkarriere 22
    - 6.2.4 Weitere Ansätze zu Karrieremodellen 23

C) Hochschulabsolventen erhalten 25

- 7 Einleitung 25
- 8 Anreizmanagement für High Potentials 26

Teil II: Empirische Studien zur Gruppe der Hochschulabsolventen 29

Überblick zu den empirischen Studien 30

A) Hochschulabsolventen gewinnen 32

- 9 Personalmarketing aus Sicht der Studierenden 32
  - 9.1 Berufsvorstellungen 32
  - 9.2 Bevorzugte Arbeitgeber 33
  - 9.3 Informationsbeschaffung 34

10	Electronic Recruiting	35
	10.1 Auffindbarkeit	36
	10.2 Präsentation und Navigation	36
	10.3 Informationsgehalt	37
11	Zwischenfazit zur Gewinnung von Hochschulabsolventen	39

B) Hochschulabsolventen fördern 40

12	Trainee-Programme in der Schweiz	40
	12.1 Grundgesamtheit und Rücklauf	40
	12.2 Ziele und Aufgaben von Ausbildungsprogrammen	42
	12.3 Konzeption und Inhalt der Ausbildungsprogramme	44
	12.4 Ausbildung on-the-job	46
	12.5 Individualisierung und Internationalisierung	46
	12.6 Erfahrungen mit den Ausbildungsprogrammen	48
	12.7 Zuständigkeiten und Beurteilung von Ausbildungsteilnehmern	50
	12.8 Erkenntnisse im Vergleich zu früheren Erhebungen	51
13	Die betriebliche Karriereplanung	53
	13.1 Bezugsgruppen und Ziele der betrieblichen Karriereplanung	53
	13.1.1 Die unternehmensbezogenen Ziele der Karriereplanung	54
	13.1.2 Die mitarbeiterbezogenen Ziele der Karriereplanung	55
	13.2 Karrieremodelle und -pfade	56
	13.2.1 Fach- und Projektkarriere	57
	13.2.2 Ziele der Fachkarriere	57
	13.2.3 Die Ziele der Projektkarriere	58
	13.2.4 Argumente für die Einführung von Fach- und Projektkarrieren	58
	13.3 Personalwirtschaftliche Begleitmassnahmen	58
	13.4 Das Karrieregespräch	60
	13.5 Interne Weiterbildung	60
14	Zwischenfazit zur Förderung von Hochschulabsolventen	61

C) Hochschulabsolventen erhalten 63

15 Retention-Management 63
   15.1 Ausgewählte Ergebnisse aus den beiden Fallunternehmen 63
   15.2 Vergleich der beiden Fallstudien 67
   15.3 Zwischenfazit zur Erhaltung der High Potentials 68

Teil III: Gestaltungsempfehlungen zur Gruppe der Hochschulabsolventen 71

A) Hochschulabsolventen gewinnen.. 72

16 Personalmarketing aus Sicht der Studierenden 72
17 Electronic Recruiting 73

B) Hochschulabsolventen fördern 76

18 Trainee-Programme 76
19 Die betriebliche Karriereplanung 79

C) Hochschulabsolventen erhalten 86

20 Retention-Management 86

Schlusswort 89
Literaturverzeichnis 91
Sachwortverzeichnis 97
Zu den Autoren 99

Abbildungsverzeichnis

Abbildung 1: Personalmarketing-Konzeption 4
Abbildung 2: Möglichkeiten des direkten Praxiseinstiegs für Hochschulabsolventen 14
Abbildung 3: Übliche Arten von Trainee-Programmen 16
Abbildung 4: Erfolgskriterien für Trainee-Programme 18
Abbildung 5: Alternative Karrieremodelle 20
Abbildung 6: Personalportfolio 26
Abbildung 7: Umfassendes Anreizsystem 26
Abbildung 8: Bedeutung einzelner Aspekte bei der Wahl der Erststelle 33
Abbildung 9: Bevorzugter Arbeitsort für Studierende der BWL (Universität Bern) 34
Abbildung 10: Mündliche Quellen über offene Stellen für BWL-Absolventen (Universität Bern) 35
Abbildung 11: Internetgerechte Aufarbeitung der Stelleninserate 36
Abbildung 12: Durchschnittsprofil und Best Practice im Bereich des Informationsgehaltes beim Elctronic Recruiting 38
Abbildung 13: Anbieter von Ausbildungsprogrammen nach Wirtschaftszweigen 41
Abbildung 14: Die wichtigsten unternehmensbezogenen Ziele der Karriereplanung 55
Abbildung 15: Mitarbeiterbezogene Ziele der Karriereplanung 56
Abbidlung 16: Instrumente für die Information über Karrieremöglichkeiten .. 59
Abbildung 17: Interne Weiterbildung (in %) 61
Abbildung 18: Gegenüberstellung Wunsch und Realität (Unternehmen B) 65
Abbildung 19: Wichtige Aspekte bzgl. Aufstiegs- und Entwicklungsmöglichkeiten (in %) 66

Abbildung 20: Kommunikations- und Informationspolitik
(Unternehmen A und B) 66

Abbildung 21: Integrierte Sichtweise der Karriereplanung 79

Tabellenverzeichnis

Tabelle 1:	Ausgewählte Instrumente des Hochschulmarketings	5
Tabelle 2:	Beispiel einer Fachkarriere	22
Tabelle 3:	Psychosoziale Funktionen der Arbeit	28
Tabelle 4:	Übersicht zu den empirischen Studien	31
Tabelle 5:	Aufgaben und Ziele von Ausbildungsprogrammen für Hochschulabsolventen	43
Tabelle 6:	Lernziele der Ausbildungsprogramme für Hochschulabsolventen	44
Tabelle 7:	Ressortübergreifende vs. ressortbegrenzte Trainee-Programme	45
Tabelle 8:	Konsequenzen der Internationalisierung auf das Anforderungsprofil von Hochschulabsolventen	48
Tabelle 9:	Einflussfaktoren zur Unterstützung des Programms für Hochschulabsolventen	49
Tabelle 10:	Probleme im Ablauf des Ausbildungsprogramms für Hochschulabsolventen	49
Tabelle 11:	Bezugsgruppen der betrieblichen Karriereplanung	54
Tabelle 12:	Charakteristika der Aufgaben für High Potentials	63
Tabelle 13:	Wichtigkeit der Faktoren bei der Wahl einer Arbeitsstelle (Unternehmen A und B)	64
Tabelle 14:	Unterschiede der beiden Fallstudien	68

Abkürzungsverzeichnis

AC	Assessment-Center
AG	Aktiengesellschaft
AIESEC	Association Internationale des Etudiants en Sciences Economiques et Commerciales
Art.	Artikel
B	Banken
BfS	Bundesamt für Statistik
BMW	Bayerische Motoren Werke
bspw.	beispielsweise
BWL	Betriebswirtschaftslehre
bzgl.	bezüglich
bzw.	beziehungsweise
ca.	circa
CH	Confoederatio Helvetica
d. h.	das heisst
DBM	Drake Beam Morin
DL	Dienstleistungsunternehmen
DM	Deutsche Mark
Dr.	Doktor
E-Commerce	Electronic Commerce
EDV	Elektronische Datenverarbeitung
EG	Europäische Gemeinschaft
E-Mail	Electronic Mail
EU	Europäische Union
etc.	et cetera
e. V.	eingetragener Verein
evtl.	eventuell
f.	folgende
ff.	fortfolgende
H/V	Handelsunternehmen/Verkehrsunternehmen

HR	Human Resource(s)
HRM	Human Resource(s) Management
Hrsg.	Herausgeber
hrsg. v.	herausgegeben von
http	hypertext transfer protocol
inkl.	inklusive
I	Industrieunternehmen
Inc.	Incorporated
IOP	Institut für Organisation und Personal der Universität Bern
i. d. R.	in der Regel
i. S.	im Sinne
i. e. S.	im engeren Sinne
i. w. S.	im weiteren Sinne
IT	Informationstechnologie
Jg.	Jahrgang
Jh.	Jahrhundert
lic. rer. pol.	licentiatus rerum politicarum
MA	Mitarbeitende(r)
mag. rer. pol.	magister rerum politicarum
Nr.	Nummer
o. J.	ohne Jahr
o. Jg.	ohne Jahrgang
o. O.	ohne Ort
o. V.	ohne Verfasser
p.	page(s)
PB	Personalbeurteilung
PC	Personal Computer
PE	Personalentwicklung
PM	Personalmarketing
Prof.	Professor
resp.	respektive
S.	Seite(n)

Verzeichnisse   XVII

sFr.	Schweizer Franken
Sp.	Spalte(n)
SW	Standardabweichung
Tel.	Telefon
TrPr	Trainee-Programme
Unt.	Unternehmen
URL	Uniform Resource Locator
u. a.	unter anderem/und andere
u. a. m.	und andere mehr
u. U.	unter Umständen
V	Versicherungen
v. a.	vor allem
vgl.	vergleiche
vs.	versus
WG	Wohngemeinschaft
WiSo	Wirtschafts- und Sozialwissenschaften
www	world wide web
z. B.	zum Beispiel
z. T.	zum Teil
z. Z.	zur Zeit

Statistische Symbole

MW	Mittelwert (arithmetisches Mittel)
N	Stichprobenumfang
SW	Standardabweichung
γ	Gamma nach Goodman/Kruskal
r	Korrelation nach Pearson
r_s	Korrelation nach Spearman

Hinweis: Falls im Text nur ein grammatikalisches Geschlecht verwendet wird, ist immer auch das andere natürliche Geschlecht gemeint.

Teil I:
Konzepte zur Gewinnung, Förderung und Erhaltung von Hochschulabsolventen

Teil I des Buches stellt verschiedene Konzepte der Personalwirtschaft zur Gewinnung, Förderung und Erhaltung von Hochschulabsolventen vor. Im Mittelpunkt stehen dabei das Hochschulmarketing, das Electronic Recruiting, das Trainee-Programm, die betriebliche Karriereplanung sowie das spezifische Anreizmanagement zur Erhaltung von Hochschulabsolventen bzw. High Potentials.

A) Hochschulabsolventen gewinnen

1 Übersicht

Die Wettbewerbsfähigkeit von Unternehmen hängt ganz entscheidend von den Qualifikationen ihrer Mitarbeitenden ab. Aus diesem Grunde kommt der Auswahl, Förderung und Erhaltung von Führungsnachwuchspersonen und Nachwuchsfachkräften eine wesentliche Bedeutung zu. „Hochschulabsolventen gelten als ‚High Potentials', die auf dem Schweizer Arbeitsmarkt heiss umworben sind. Unverkennbar ist der Trend zur Akademisierung des Schweizer Managements: Jeder dritte Akademiker sitzt heute in einer Unternehmensleitung oder hat eine Vorgesetztenfunktion [...]" (Tschopp, Irene 2002: S. 29).

Viele Unternehmen im gesamten deutschsprachigen Raum investieren stark ins Hochschulmarketing. Abschnitt A ist deshalb der Gewinnung von Hochschulabsolventen mit den Schwerpunkten Electronic Recruiting und Assessment-Center gewidmet.

Da die wenigsten Studienrichtungen eigentliche Berufsausbildungen darstellen, müssen Hochschulabsolventen *für die* und *in der* Praxis ‚nachgebildet' werden. Über die Jahre hinweg haben sich aus diesem Grunde auch standardisierte Einführungsprogramme entwickelt. Diese werden zusammen mit der betrieblichen Karriereplanung in Abschnitt B (Förderung von Hochschulabsolventen) beschrieben und analysiert.

High Potentials verfügen über eine überdurchschnittliche Arbeitsmarktfähigkeit und sind deshalb besonders fluktuationsgefährdet. Abschnitt C geht auf die Frage ein, welche Anreize und Massnahmen dazu geeignet sind, in der Gruppe der besten Mitarbeitenden die Fluktuation niedrig zu halten bzw. Schlüsselpersonen dem Unternehmen zu erhalten.

Teil I: Konzepte

2 Gewinnung der Zielgruppe

2.1 Hochschulabsolventen als potenzielle High Potentials

Aufgrund des absolvierten Studiums schreiben Unternehmen Hochschulabsolventen eine Reihe von Eigenschaften zu, welche sie dazu prädestinieren, bei entsprechender Förderung und Entwicklung sich zu erfolgreichen Führungs- und Fachkräften mit weiteren Perspektiven, oft High Potentials genannt, zu entwickeln. „Der Begriff ‚High Potential' beschreibt ein latent vorhandenes, aber noch nicht aktiviertes hohes Fähigkeits- und Leistungspotential bei Studierenden bzw. Absolventen, das diese zukünftig zur Übernahme von (höheren) Führungspositionen befähigt. [...] Ein renommierter Hochschulort, exzellente Noten, Praktika bei High-Performance-Organisationen im In- und Ausland und ausseruniversitäres Engagement sind weiterhin Indikatoren, die auf die gewünschten Eigenschaften hinweisen" (Eggers, Bernd/Ahlers, Friedel 1999: S. 39).

2.2 Verständnis des Personalmarketings

In der Literatur finden sich die unterschiedlichsten Definitionen für das Personalmarketing. Die Autoren verstehen das Personalmarketing (PM) als Querschnittsfunktion, deren primäres Ziel „[...] in der Schaffung von günstigen Voraussetzungen zur Erhöhung der Attraktivität eines Arbeitgebers auf dem internen und externen Arbeitsmarkt" (Thom, Norbert 2001: S. 126) liegt. Ein weites Begriffsverständnis sieht das Personalmarketing als „[...] eine alle wesentlichen Personalfunktionen integrierende Denk- und Handlungskonzeption [...], die die Bedürfnisse vorhandener und potentieller Mitarbeiter in den Vordergrund stellt" (Giesen, Birgit 1998: S. 86). Abbildung 1 stellt eine solch umfassende PM-Konzeption (vgl. im Einzelnen Thom, Norbert 2002: S. 113-140) dar. Vor dem Hintergrund dieser umfassenden Konzeption wählen wir für den Untersuchungszweck dieser Publikation einen relevanten Teilaspekt aus.

Im Folgenden werden, im Sinne eines engeren Begriffsverständnisses des Personalmarketings als operativem Instrument zur Gewinnung von Arbeitskräften, einzelne Grössen der Gesamtkonzeption vertieft: Das Hochschulmarketing, welches sich der spezifischen Adressatengruppe der Hochschulabsolventen widmet, und das Internet Recruiting, welches sich im Besonderen durch das Kommunikationsmedium Internet von anderen Anspracharten des Personalmarketings unterscheidet.

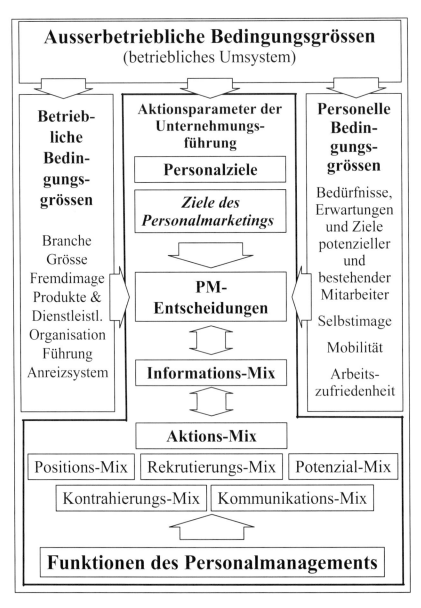

Abbildung 1: Personalmarketing-Konzeption

Teil I: Konzepte

2.3 Hochschulmarketing

Grundidee eines Hochschulmarketings ist, dass sich Unternehmen frühzeitig einem beschaffungsrelevanten Kreis von Studierenden als potenzielle Arbeitgeber präsentieren. Im Vordergrund steht die Knüpfung von Kontakten, welche dann bei Bedarf zur konkreten Rekrutierung genutzt werden können (vgl. Leuenberger, Matthias 2001: S. 59 ff.). Eine direkte Ansprache der Hochschulabsolventen hat folgende Vorteile:

- der direkte Kontakt mit der Zielgruppe minimiert Streuverluste;
- der akademische Nachwuchs bzw. mögliche High Potentials werden frühzeitig kontaktiert.

Den Unternehmen steht eine Vielzahl von Instrumenten zur Verfügung, um die Studierenden an den Universitäten anzusprechen und auf sich selbst aufmerksam zu machen. Tabelle 1 zeigt einen Überblick der Instrumente, die einzelnen Funktionen zugeordnet werden.

Funktion	Instrument
Ausbildung	Praktikumsplatz Lizentiatsarbeit Dissertation Fachseminare/Workshops Projektaufträge Planspiele/Wettbewerbe
Unterstützung	Stipendien Informationen für Lizentiats- und Seminararbeiten Unterstützung bei Fachprojekten Lehrauftrag Fachvorträge
Präsentation	Teilnahme an Hochschulmessen Präsenz an Fachmessen Firmenpräsentation an Hochschulen Betriebsbesichtigungen
Werbe- und Imagefunktion	Anzeigen in Hochschulpublikationen Beteiligung an Informationsdiensten Artikel und Interviews in Karrierebeilagen

Tabelle 1: Ausgewählte Instrumente des Hochschulmarketings (vgl. Leuenberger, Matthias 2001: S. 59)

2.3.1 Hochschul-Sponsoring

Die Vorteile eines Sponsorships für eine finanzknappe Universität liegen auf der Hand (vgl. Thom, Norbert 1999). Aber was bewegt potenzielle Sponsoren zu einem solchen Engagement? Einer der Hauptgründe dürfte darin liegen, dass die Wirtschaft ein Interesse an einer weiterhin qualitativ hochstehenden Ausbildung hat. Ein Engagement der Unternehmen fördert den Austausch zwischen Lehre und Praxis und somit eine lebensnahe Wissenschaft. Im Rahmen des Sponsorships treffen die Unternehmen auf ein Publikum, das nicht nur potenzielle spätere Mitarbeiter in seinen Reihen hat, sondern ganz allgemein ein wichtiger Meinungsbildner- und Kundenkreis ist. Der Sponsor erhält die Gelegenheit, soziale und gesellschaftliche Verantwortung wahrzunehmen und sein unternehmerisches Wertesystem (z. B. seine Innovations- und Qualitätsorientierung) zum Ausdruck zu bringen. Gegenleistungen können so aussehen, dass auf einem Vorlesungsskript das Logo des Sponsors steht, oder der Förderer das Recht erhält, sein Engagement in Veröffentlichungen und Werbungen zu dokumentieren. Noch ist die Öffentlichkeitswirkung des Universitätssponsorings geringer als jenes im Sport, eine mögliche nachhaltigere Wirkung wird aber in Zukunft zu überprüfen sein. Gerade berufsorientierte Studien wie das Ingenieurwesen, die Betriebswirtschaft oder die Medizin besitzen ein grosses Akquisitionspotenzial. Dies hängt nicht zuletzt damit zusammen, dass wirkungsvolle, langfristige Engagements an Universitäten kostspielig sind und sich dies nur bestimmte Branchen resp. Unternehmen mit einer beachtlichen Finanzkraft leisten können. Diesen Voraussetzungen Rechnung tragend ergeben sich die grössten hochschulbezogenen Engagements Dritter in den Bereichen Finanzdienstleistungen, Chemie und Technik.

2.3.2 Präsenz an Hochschulmessen

Hochschulmessen werden fast ausschliesslich von Studierenden besucht, womit eine zielgruppengerechte aber noch relativ breite Ansprache von Hochschulabsolventen möglich ist. Die Präsenz an Hochschulmessen wie z. B. an AIESEC-Kontaktgesprächen dient den Unternehmen in erster Linie der Präsentation des eigenen Unternehmens und der Möglichkeit einer frühzeitigen Kontaktaufnahme mit potenziellen Bewerbern.

Hat sich ein Unternehmen für das Instrument der Hochschulmesse entschieden, gelten folgende vier Faktoren als erfolgsentscheidend (vgl. Simon, Hermann 1995: S. 188 ff.):

- Auswahl der richtigen Hochschulmesse
- Gezielte Auswahl der Firmenrepräsentanten
- Gezieltes Sammeln und Auswerten von Hochschul- und Studierendendaten
- Messe Follow-Up

Die Fokussierung auf bestimmte Hochschulmessen erfolgt vor dem Hintergrund, dass eine eintägige Präsenz mit mehreren Mitarbeitenden an einer Hochschule nicht unbeachtliche Kosten auslöst. Kriterien zur Auswahl der Messe können sein: Besucherzahl, Besucherqualität (häufigste Studienrichtung), Konkurrenzunternehmen, welche auch anwesend sind, Anteil der Studierenden anderer Universitäten und/oder die Möglichkeit zur weiteren Selbstdarstellung des Unternehmens.

Die als Firmenrepräsentanten eingesetzten Mitarbeitenden verfügen idealerweise nebst guten Kontakt- und Kommunikationsfähigkeiten selbst über einen Hochschulabschluss und setzen sich zusammen aus Personal- und Fachmitarbeitern teilweise auch aus Führungskräften.

Immer häufiger werden vorab Daten interessierter Studenten eingefordert und analysiert, so dass am Messetag bereits ein gezieltes Gespräch stattfinden kann, auch wenn noch keine konkreten Arbeitsverträge unterschrieben werden.

Im Anschluss an die Hochschulmesse sollte das Unternehmen mit interessierten Studierenden einen aktiven Kontakt aufrechterhalten und z. B. Unterlagen zustellen sowie Informationen vom Bewerber anfordern.

Allgemein zeichnet sich ein Trend zu exklusiveren Hochschulmessen ab, d. h. wenige Unternehmen präsentieren sich einem kleineren Kreis von Studenten, dafür umfassender. Diese Variante soll Unternehmen auch wieder näher an die High Potentials heran führen, welche zunehmend den Massenveranstaltungen fern bleiben.

2.3.3 Vergabe von Praktika und Lizentiatsarbeiten

Die Vergabe von Praktika und praxisorientierten Lizentiatsarbeiten (je nach Hochschule auch Diplom- und Masterarbeiten genannt) sind weitere sehr geeignete Möglichkeiten, frühzeitig mit ausgewählten Hochschulabsolventen in Kontakt zu treten. Im Gegensatz zu Hochschulmessen gibt es auf Seiten der Unternehmen hier die Möglichkeit, Informationen bezüglich Arbeitseinsatz, -ergebnis und -verhalten des potenziellen Kandidaten zu gewinnen. Auch für die Gegenseite besteht die attraktive Gelegenheit, erste Einblicke in den Unternehmensalltag, in das Produktions- und Leistungssortiment sowie die Unternehmenskultur zu erhalten. Mit diesen Informationen im Hintergrund lassen sich gezielte Einsatzmöglichkeiten und -wünsche allenfalls frühzeitig koordinieren und absprechen.

2.4 Electronic Recruitment

Während noch vor rund fünf Jahren das Internet als Recruiting-Instrument eine sehr nachrangige Bedeutung hatte, entwickelte es sich unterdessen zu einem der meist frequentierten Informationseinrichtungen und erweitert bzw. verändert so das Personalmarketing-Instrumentarium wesentlich. Die Internet-Präsenz wird für Unternehmen, die sich um leistungsstarke Hochschulabsolventen bemühen, faktisch zur Pflicht.

2.4.1 Die Bedeutung des Internets für die Gewinnung von Hochschulabsolventen

Das Internet ist keine kurzfristige Modeerscheinung, sondern hat sich mittlerweile zu einer wichtigen Informationsquelle in Wirtschaft, Verwaltung und Gesellschaft etabliert. „Es ist aus der heutigen Geschäftswelt als zentrales Informationsmedium kaum mehr wegzudenken, insbesondere bei der jüngeren Generation, was den Trend in Richtung Electronic Recruiting unweigerlich verstärken wird" (Zimmermann, Daniel 2001: S. 11). Hochschulabsolventen pflegen einen ungezwungenen Umgang mit diesem Medium: So wissen Studien zu berichten, dass neun von zehn Studierenden das Internet täglich benutzen: Für E-Mails, die Abfrage von wissenschaftlichen Informationen, zur Unterhaltung und zunehmend auch für die Suche einer neuen Arbeitsstelle (vgl. Kirchhofer, Rainer o. J.: S. 22). „Die Vorteile des Internets liegen auf beiden Seiten des Arbeitsmarktes: Die Jobsuche für den Bewerber und die Rekrutierung für den Arbeitgeber über das Internet werden effektiver und effizienter. Einerseits kann der Prozess von der Anzeige bis zum Anstellungsentscheid beschleunigt werden, was zu bedeutenden Kosteneinsparungen führt, andererseits bietet das Internet für die Bewerber den grossen Vorteil, dass es noch nie so einfach war, die Unternehmungen miteinander zu vergleichen" (Zimmermann, Daniel 2001: S. 11).

2.4.2 Instrumente des Personalmarketings im Internet

Der Einsatz des Internets ist nicht per se erfolgreich, vielmehr gilt es, dieses anspruchsvolle Medium zielgerichtet und effizient einzusetzen und zu nutzen (vgl.

Läuchli, Simon 2000: S. 27). Die in der Literatur am meisten beschriebenen Instrumente des Internet-Personalmarketings werden nachfolgend kurz vorgestellt.

a) **Informationsbeschaffung über Internet**

Durch das weit angelegte Informationsnetz des Internets kann das Medium die Suche nach Daten stark vereinfachen und beschleunigen. Mit dem schnellen und anonymen Zugriff auf verschiedenste Daten trägt das Internet zu einem sehr transparenten Markt bei. Stellensuchende und Unternehmen können sich schnell und zuverlässig à jour bringen, sich mit der Konkurrenz vergleichen, entsprechende Änderungen vornehmen und sich so den Markterfordernissen anpassen.

b) **Jobbörsen im Internet**

Jobsuchende haben die Wahl zwischen verschiedensten Plattformen mit Stellenangeboten. Wesentliche Qualitätsausweise einer Stellenbörse sind die Aktualität der publizierten Angebote und die Möglichkeit, die individuellen Bedürfnisse der Stellensuchenden mit ein zu beziehen. Die vielfältigen Angebote reichen von breitgefächerten Stellenbörsen (z. B. Jobpilot), über zielgruppenspezifische (z. B. Topjobs für Kader und Fachspezialisten) bis zu berufsspezifischen (z. B. Jobs für Informatiker) Jobbörsen (vgl. Zimmermann, Daniel 2001: S. 27 sowie Boegelein, Margareta 1999: S. 592 ff.).

c) **Unternehmenseigene Homepage**

Die meisten Grossunternehmen verfügen über eigene Internetauftritte, welche von den Personalabteilungen auch zur Gewinnung von neuen Arbeitnehmern benutzt werden. Verschiedene Vorteile liegen in der aktiven Präsenz im Internet (vgl. Zimmermann, Daniel 2001: S. 28):

- Eine gute, abwechslungsreich gestaltete und informative HR-Seite wird als Hinweis auf ein modernes, aufgeschlossenes Personalmarketing und Personalmanagement interpretiert.
- Das Internet spricht vergleichsweise kostengünstig potenzielle Arbeitnehmer im In- und Ausland an.
- Das Internet erlaubt durch eine schnelle und unkomplizierte Abwicklung sowie eine rasche Kontaktaufnahme per E-Mail eine Steigerung der Bewerbungsfreundlichkeit.

d) Stellenanzeigen im Internet

Die Gestaltungsmöglichkeiten von Stellenanzeigen im Internet sind um ein Vielfaches höher als jene der Printmedien, falls die Anzeigen mediengerecht aufbereitet sind. Interaktivität, Aktualität und zielgruppenspezifische Ansprache müssen gezielt eingesetzt werden, um die Vorteile gegenüber Printmedien zu nutzen (vgl. Migula, Cornelia/Alewell, Dorothea 1999: S. 600 ff.). Auf eine gut lesbare Textgestaltung (kurzer Text mit klarer Hauptaussage) ist im Internet besonderen Wert zu legen.

Das Electronic Recruiting erfreut sich zunehmender Beliebtheit, schöpft aber in vielen Bereichen die Möglichkeiten der Interaktivität noch zu wenig aus und kann deshalb von den möglichen Vorteilen gegenüber herkömmlichen Personalwerbeaktionen zu wenig profitieren. Die Qualitätsunterschiede der Personalmarketingaktivitäten im Internet sind sehr gross, ebenso machen sich Branchenunterschiede bemerkbar. „Der grösste Handlungsbedarf liegt zur Zeit im Bereich der Sicherheit. Eine verschlüsselte Übermittlung von sensiblen Daten ist in der heutigen Zeit zwingend erforderlich. Die Personalseiten hinken im Datensicherheitsbereich anderen Rubriken deutlich hinterher. So ist z. B. die verschlüsselte Übermittlung von Kreditkarteninformationen im E-Commerce schon längere Zeit Standard" (Zimmermann, Daniel 2001: S. 125).

Das Internet hat sich in letzter Zeit zu einem wichtigen Baustein des Personalmarketings und der Personalgewinnung entwickelt. Via Internet können sowohl der Bekanntheitsgrad als auch das Image eines Unternehmens als Arbeitgeber gesteigert werden. Es ist zu erwarten, dass in nächster Zeit immer mehr Unternehmen den Stellenwert des Electronic Recruitings erkennen und auch in den virtuellen Personalmarkt einsteigen werden. Dazu bedarf es einer erhöhten Kompetenz im Schnittfeld von Personalmarketing und Informatik.

3 Assessment-Center

Nach einer anhand der Bewerbungsunterlagen erfolgten Vorselektion kommt häufig das Instrument des Assessment-Centers (AC) bei der definitiven Auswahl zur Anwendung. Ein Assessment-Center ist eine seminarähnliche Veranstaltung, in deren Verlauf Assessoren (Beobachter) mehrere Probanden (Kandidaten) in unterschiedlichsten Übungssituationen beobachten und aufgrund dieser Beobachtungen sowie anhand zuvor definierter Kriterien beurteilen. Je nach Zweck werden Auswahl-, Beurteilungs- und Beförderungsassessment-Center unterschieden. In all diesen Fällen geht es schliesslich um eine Potenzialbeurteilung.

3.1 Ablauf des AC

Ein AC ist eine Simulation, „[...] d. h. ein funktionsspezifisch entwickeltes System von Anforderungssituationen, in denen die Struktur der Realität in aufeinander abgestimmten Übungen simuliert wird [...]" (Bolte, Ernst-August/Jung, Peter 1995: S. 69). Ziele des ACs sind in erster Linie die Beurteilung des vorhandenen Potenzials und die damit verbundene Eruierung der Defizite. Das AC läuft in folgenden Schritten ab (vgl. zu Details Heitmeyer, Klaus/Thom, Norbert 1988: S. 14 ff.):

- **Festlegen der Ziele und Zielgruppe des ACs:** Die Ausgestaltung des jeweiligen AC richtet sich in der Regel nach den Anforderungen der zu besetzenden Stelle.

- **Auswahl der Beobachter (Assessoren):** Der Auswahl der Beobachter kommt besonderes Gewicht zu, denn diese Personen beeinflussen nachfolgend das Ergebnis des ACs und die darauf basierenden Personalentscheidungen massgeblich. Unabdingbare Eigenschaften für Assessoren sind Glaubwürdigkeit und Seriosität, Argumentationsfähigkeit, Beobachtungs- und Abstraktionsvermögen, Konzentrationsfähigkeit sowie Einfühlungsvermögen.

- **Entwicklung der Übungen:** Basierend auf den zu beobachtenden Kriterien werden die Übungen für das AC erarbeitet und zusammengestellt. Je nach Beobachtungs- bzw. Beurteilungszweck sind andere Eigenschaften relevant bzw. deutlich unterschiedlich zu gewichten.

- **Beobachtung der Kandidaten:** Die Beobachtung der Kandidaten sollte nur durch geschulte Beobachter erfolgen (i. d. R. 3-6 Personen). Die Kandidaten werden in unterschiedlichen Tests und Übungen beobachtet und beurteilt. Zu den verbreitetsten Übungen gehören die sogenannten objektiven Tests (z. B. Intelligenz- und Fähigkeitstests), subjektive Tests (u. a. Thematik-Apperception-Tests), Interviews und Simulationen von Arbeitssituationen (so z. B. Diskussionen in führerlosen Gruppen), Fallbearbeitungen, Rollenspiele oder Postkorb-Übungen sowie computerunterstützte Übungen bzw. Simulationen.

- **Bewertung der Kandidaten:** Die Beurteilung der Kandidaten erfolgt im Plenum der Beobachter nach gemeinsamer Diskussion über die Beobachtungsergebnisse und Urteilsabstimmung.
- **Feedback an Kandidaten:** Das Feedback-Gespräch sollte mit allen Kandidaten durchgeführt werden. Es ermöglicht den abgewiesenen Kandidaten, einen Lernprozess zu durchlaufen, indem sie ihre Stärken und Schwächen bzgl. konkreter Anforderungsprofile besser erkennen können.

Infolge der recht hohen Kosten wird das AC meist recht haushälterisch aber sehr gezielt bei wichtigen Entscheidungen bzgl. Fach- und Führungsnachwuchskräften eingesetzt. In der Zielgruppe der Hochschulabsolventen hat sich unterdessen herumgesprochen, dass das Üben von typischen AC-Situationen entscheidend dazu beiträgt, ein AC erfolgreich zu absolvieren. Somit sehen sich Arbeitgeber vermehrt mit der Situation konfrontiert, dass Auswahl-AC auch als Übungsmöglichkeiten wahrgenommen werden und nicht bei allen Kandidaten reale Vertragsabsichten dahinter stehen.

3.2 Variationen des AC für Hochschulabsolventen

Insbesondere im Bereich des ACs hat sich unter dem Einfluss von Inter- und Intranet das elektronische Vorassessment via Homepage entwickelt (vgl. Gsponer, Manuela 2001). So bieten einige Unternehmen auf ihrer Homepage ein virtuelles AC an, welches mit Hilfe eines persönlichen Passwortes einmalig absolviert werden kann und nachfolgend von den entsprechenden Personalverantwortlichen ausgewertet wird. In der Folge werden die besten virtuellen Kandidaten zum Interview eingeladen. Beispiele in diesem Bereich sind das ‚Erfolg-Reich-Spiel' der Firma Cyquest Internet AG (virtuelle WG und integrierter Chat-Raum), welches für die Unternehmen Atecs Mannesmann, BMW, Boss, McKinsey&Company Inc. u. a. geschaffen wurde und die TeDeVAC-Software zum internetbasierten Vorassessment, in welchem die Kandidaten nach einer Cut-off-Prüfung der Ausschlusskriterien (Alter, Ausbildungsstand u. a.) verschiedene Testverfahren und situative Übungen durchlaufen. Bei einigen Grossunternehmen werden auch mehrtägige Auswahl-ACs im Ausland mit Eventcharakter veranstaltet (vgl. Gsponer, Manuela 2001). So lud z. B. McKinsey&Company ausgewählte Teilnehmer für drei Tage nach Israel ein, wo Besuche, Gespräche mit Gründern und Topmanagern der israelischen IT-Branche und das Lösen von Fallstudien auf dem Programm standen (vgl. McKinsey&Company 2000: online). Das Unternehmen lernt bei solchen Anlässen die Bewerber in unterschiedlichen Situationen kennen (Arbeit und Freizeit) und hat die Möglichkeit, ein positives Image als Arbeitgeber aufzubauen. Die Kosten solcher Event-ACs bewegen sich bei einer halben Million DM (Stand 2000), die Erfolgsquote i. S. anforderungsgerecht ausgewählter Personen dürfte bei etwa 30 % liegen (vgl. Schwertfeger, Bärbel 2000: S. 18). Falls diese ‚Events' nicht in einen irrealen Luxusbereich entgleiten, sondern noch Ähnlichkeiten mit realen Berufssituationen aufweisen, können sie aus personalwirtschaftlicher Perspektive als akzeptable Investition zur Gewinnung von High Potentials betrachtet werden.

B) Hochschulabsolventen fördern

4 Einleitung

Hochschulabsolventen zeichnen sich beim Studien- bzw. Schulabschluss dadurch aus, dass sie über ein beachtliches Theoriewissen verfügen, aber vergleichsweise wenig Praxiserfahrung besitzen. Für sie bieten sich im Wesentlichen zwei verschiedene Praxiseinstiege an: (1) der Direkteinstieg in das Stellengefüge des Unternehmens oder (2) das Absolvieren eines Trainee-Programms.

Für den Direkteinstieg stehen in der Realität unendliche konkrete Varianten zur Verfügung, die sich allerdings in einige wenige Grundtypen gliedern lassen. Abbildung 2 stellt diese in der Übersicht dar.

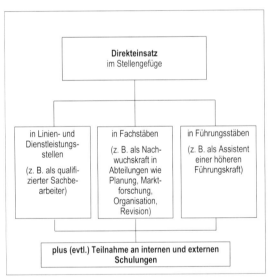

Abbildung 2: Möglichkeiten des direkten Praxiseinstiegs für Hochschulabsolventen

Für Hochschulabsolventen, welche sich weder als qualifizierte Sachbearbeiter noch als Mitwirkende in Stäben sehen, bietet sich in vielen, vor allem grösseren Unternehmen die Alternative eines Einstiegs über Trainee-Programme an.

Teil I: Konzepte

5 Trainee-Programme

Ein Einstieg in die Berufswelt auf dem Wege eines Trainee-Programms bietet Hochschulabgängern eine fundierte, unternehmensspezifische Praxiseinführung mit der Chance, das spätere Einsatzgebiet erst einmal zu erkunden.

Trainee-Programme sind firmenspezifische Nachwuchsförderungs-Programme, welche in den letzten gut 20 Jahren in vielen Unternehmen zu einem festen Bestandteil betrieblicher Personalentwicklung geworden sind. Neben den Grossunternehmen mit hohem Bedarf an Hochschulabsolventen bieten zunehmend auch kleinere und mittlere Unternehmen solche Programme an. Das Zielpublikum dieses Instrumentes der Personalentwicklung bilden zur Mehrheit Wirtschaftsakademiker, aber es werden auch Informatiker und (Wirtschafts-)Ingenieure angesprochen. Das Trainee-Programm gilt im Allgemeinen als Einstiegsprogramm und Grundlage für eine erfolgreiche Führungskarriere im betreffenden Unternehmen.

5.1 Arten von Trainee-Programmen

Durch das Trainee-Programm erhält ein ausgewählter Kreis von Hochschulabsolventen eine Grundlagenausbildung für die spätere Übernahme von Führungsfunktionen, vertieft die Kenntnisse über eigene Fähigkeiten und Neigungen, baut Kommunikationsbeziehungen auf und lernt Organisationsstrukturen und Unternehmenskulturen kennen (vgl. Thom, Norbert 1987: S. 218).

In der Praxis haben sich zu diesem Zwecke verschiedene Grundformen der Einstiegsprogramme herausgebildet. Gemeinsam sind ihnen generell folgende Merkmale:

- Exklusivität des Teilnehmerkreises (am häufigsten Hochschulabsolventen der Studienrichtungen Wirtschafts- und Ingenieurwissenschaften)
- Planvolles und organisiertes Vorgehen, didaktisches Strukturieren des Programms (on- und off-the-job-Komponenten wechseln sich ab)
- Zeitdauer des Programms zwischen 6 und 24 Monaten
- Anwendung des Programms auf eine Personengruppe (also nicht Einzelpersonen)

Abbildung 3 zeigt die üblichsten Formen von Trainee-Programmen im Überblick (vgl. auch Ferring, Karin/Staufenbiel, Joerg E. 1994).

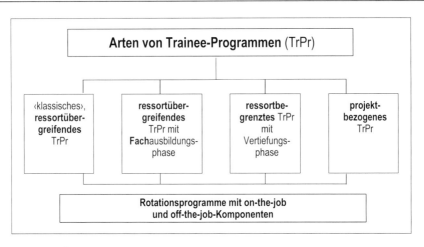

Abbildung 3: Übliche Arten von Trainee-Programmen

Der Trainee durchläuft beim **klassischen Trainee-Programm** verschiedene wichtige Ressorts eines Unternehmens (z. B. Beschaffung, Produktion, Absatz und Finanzwirtschaft bei Industriebetrieben). Er verbringt in den jeweiligen Abteilungen in etwa gleiche Zeitanteile. Der Absolvent lernt auf diese Weise verschiedene wesentliche wertschöpfende Tätigkeitsgebiete des Arbeitgebers kennen und kann somit im Anschluss an das Programm auf eine fundierte Informationsbasis bezüglich seines Einsatzentscheides für eines dieser Ressorts zurückgreifen.

Im Gegensatz zum ersten Programmtyp verbringt der Trainee im **ressortübergreifenden Trainee-Programm mit Fachausbildungsphase** im Anschluss an das verkürzte Rotationsprogramm eine deutlich längere Zeit in einem der vorher durchlaufenen Ressorts und vertieft hier seine Kenntnisse. In aller Regel entspricht dieses auch dem Bereich der nachfolgenden Einstiegsstelle des Kandidaten.

Im Unterschied zu den vorangehenden Programmen wird im **Laufe des ressortbegrenzten Trainee-Programms mit Vertiefungsphase** nur ein Ressort (z. B. Personalwirtschaft), aber in mehreren Abteilungen (bspw. Personalplanung, Personalentwicklung, Sozialwesen u. a.) zum Ausbildungsort. Im Anschluss an diese Grundausbildungsphase erfolgt die Vertiefungsphase in einer dieser zuvor besuchten Abteilungen. Die Entscheidung über das Einsatzressort steht also bereits vor Beginn des Trainee-Programms fest, die Spezialisierung innerhalb dieses Gebietes wird während der Grundausbildung festgelegt.

Mit der allgemein in Unternehmen wachsenden Zahl der Projekttätigkeiten steigen auch die Projekteinsätze von Trainees und ermöglichen so bei sorgfältiger Planung z. T. auch ein **projektbezogenes Trainee-Programm**. Projekte im Rahmen von Trainee-Programmen können sehr unterschiedlich und in variierender Intensität eingesetzt werden. Als projektorientierte Programme gelten indessen nur jene, bei welchen die Projektarbeit (z. B. bei mehreren kleineren oder einem grösseren Projekt) wirklich im Vordergrund der Ausbildung on-the-job steht. Es versteht sich von selbst, dass hierbei die Grenzen zu anderen Programmarten fliessend sein können.

Immer häufiger werden mit den Trainees individuelle Absprachen bezüglich Einsatzressort und -dauer getroffen. Vom Mitspracherecht der Absolventen bei der Zusammenstellung dieser Stationen versprechen sich die Unternehmen eine verbesserte Anreiz- und Imagewirkung. Insbesondere die off-the-job-Komponenten werden aus ökonomischen Gründen für die gesamte Gruppe von Absolventen (also auch für Direkteinsteiger) angeboten.

Die Grenzen zwischen den einzelnen Programmen sind unscharf und die Unternehmen zeigen viel Kreativität bei der Komposition von solchen Nachwuchsförderungsaktivitäten, für die es – im Gegensatz zur Berufsausbildung (Lehre) – keine staatlichen Vorschriften gibt.

5.2 Kritische Würdigung des Trainee-Programms

Trainee-Programme sind eingebettet in die unternehmensspezifische Personalentwicklung. Abgeleitet aus dem Oberziel des Unternehmens, der Versorgung mit qualifizierten Nachwuchskräften, ergeben sich im Wesentlichen vier Teilziele (vgl. Abbildung 4), die von den Trainee-Programm-Anbietern unterschiedlich gewichtet werden.

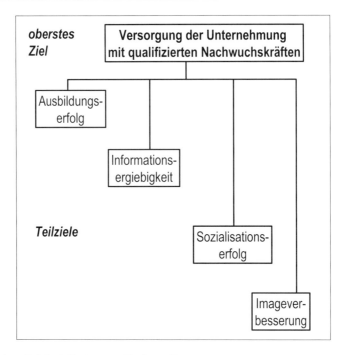

Abbildung 4: Erfolgskriterien von Trainee-Programmen

Das Teilziel **Ausbildungserfolg** erfasst die Zunahme an fachspezifischem und/oder führungsspezifischem Wissen eines Trainees während seiner Ausbildung. Die **Informationsergiebigkeit** bezieht sich aus Sicht des Unternehmens auf den Zuwachs an Wissen über die Kandidaten für weitere Fach- und Führungsaufgaben im Unternehmen (z. B. Arbeitsverhalten, Potenzialeinschätzung). Aus der Perspektive des Trainees betrifft es seine Erfahrungen hinsichtlich Unternehmenskultur sowie Führungs- und Kooperationsformen, Informationen bezüglich eines späteren Einsatzgebietes u. a. m. Der **Sozialisationserfolg** zeigt sich z. B. darin, wie sich ein Trainee im Unternehmen einlebt sowie in seinem Umgang mit Kollegen und Vorgesetzten. Nicht zuletzt verfolgt das Unternehmen mit dem Angebot eines Trainee-Programms die **Verbesserung des Images** auf dem Arbeitsmarkt. Eine Veränderung des Images schlägt sich z. B. in der Anzahl und Qualität der Bewerbungen nieder.

Ein Trainee-Programm stellt eine Investition in das Humanvermögen des Unternehmens dar und ist – wie jede Investition – mit Risiken verbunden. Mittels geeigneter Kennzahlen (basierend auf quantitativen und qualitativen Ausgangsdaten) kann die Erreichung der Ziele durchaus ermittelt werden, wenngleich sich der nachhaltige Erfolg einer Ausbildungsmassnahme manchmal erst längerfristig zeigt. Die genannten Teilziele lassen sich zum Zweck eines Controllings relativ leicht durch messbare Grössen operationalisieren (vgl. u. a. Beispiele bei Thom, Norbert 1987: S. 279).

6 Betriebliche Karriereplanung

6.1 Begriffsverständnis

Karrieren bestehen durch das Zusammenspiel von betrieblichen Gegebenheiten einerseits und individuellen Verhaltensweisen der Mitarbeitenden andererseits. Obwohl in den letzten Jahren die Anzahl der Hierarchieebenen zugunsten schlankerer Strukturen vermindert wurde, ist das Karriereverständnis in Unternehmen im Wesentlichen dasselbe geblieben.

Karriere ist die Folge objektiv wahrnehmbarer Positionen innerhalb betrieblicher Strukturen im Zeitablauf (vgl. Berthel, Jürgen 1997: S. 289; ebenso Weitbrecht, Hansjörg 1992: Sp. 1114). Die Karriere ist durch ein solches Verständnis des einseitigen Aufstiegsbezuges entkleidet. Positionswechsel bestehen nicht nur aus formalen Beförderungen und enden nicht immer mit einer ranghierarchisch höheren Position als zuvor. „Mit der grösseren Dynamik und Komplexität der heutigen Arbeitswelt steigt gleichzeitig die Notwendigkeit, Mitarbeiter häufiger auf Stellen mit anderen (auch höheren) Anforderungen zu versetzen, ohne dass dies stets „Beförderung", d. h. ranghierarchischer Aufstieg im herkömmlichen Sinne sein kann. [...] Für den Betrieb ist ein flexibel einsetzbarer und leistungsfähiger Mitarbeiter besonders wertvoll" (Berthel, Jürgen 1997: S. 289).

6.2 Ausgewählte Karrieremodelle

Wenn sich in einem Unternehmen über längere Zeit hinweg charakteristische Positionsfolgen herausbilden, entwickeln sich Bewegungsprofile. Diese können durch bewusste Gestaltungsentscheidungen entstehen und gefördert werden, bis sie sich zu Karrieremodellen verfestigen. Karrieremodelle unterscheiden sich voneinander durch ihre Tiefe (Anzahl der erreichbaren Positionen), die Aufeinanderfolge der Positionen und deren mögliche Steighöhen (die höchste erreichbare hierarchische Position) (vgl. Berthel, Jürgen 1997: S. 290). Hat sich ein Unternehmen für bestimmte Karrieremodelle entschieden, so legt es damit einen generalisierten Versetzungsmodus vor, wobei grundsätzlich auch Abweichungen von der allgemeinen Vorlage möglich sein sollten. Abbildung 5 stellt die in Unternehmen alternativ möglichen Karrierewege dar.

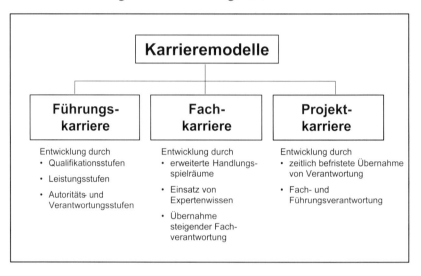

Abbildung 5:   Alternative Karrieremodelle

Die gleichzeitige Ausprägung mehrerer Karrieremodelle scheint bei grösseren Unternehmen mit einer ausreichenden Anzahl an homogenen Stellen in stabilen Hierarchien realisierbar zu sein. Bei kleinen Betrieben oder Firmen, welche ein von den Anforderungen her stark heterogenes Stellengefüge aufweisen, heben sich selten eindeutigen Karrieremuster hervor. Jede frei werdende (Führungs-)Position löst hier individuelle Nachfolgeüberlegungen aus.

6.2.1 Die Führungskarriere

Unter einer Führungskarriere wird eine Versetzung innerhalb der Linienorganisation bzw. der Hierarchie (Aufbauorganisation) verstanden, i. d. R. erfolgt diese ‚vertikal nach oben'. Die Hierarchie dient als Strukturprinzip und schafft für eine Gesamtheit von Elementen systematische Beziehungen der Unter- und Überordnung. „In sozialen Systemen erzeugt Hierarchie über die bloße Funktionsteilung hinaus eine *Differenzierung* nach Rang, Status, Autorität, Befehlsgewalt, Entscheidungsbefugnissen u. a. m." (Breisig, Thomas/Kubicek, Herbert 1987: Sp. 1064).

Karrieremöglichkeiten im Rahmen der traditionellen Führungskarriere werden mit der Verlangsamung des Wirtschaftswachstums und infolge des organisatorischen Wandels, oft verknüpft mit der Schaffung flacherer Hierarchien, geringer.

6.2.2 Die Fachkarriere

Die Fachkarriere enthält, nur insofern ähnlich der Führungskarriere, den Aufstiegsgedanken, doch sind für sie ein hoher Anteil an reinen Fachaufgaben und ein geringer Umfang an Personalführungs- und den damit zusammenhängenden Verwaltungsaufgaben typisch. Das Zielpublikum der Fachkarriere bilden Personen, bei welchen die Motivation zur Arbeit sich derart auf die Sachaufgabe bezieht, dass sie nicht bereit sind, eine Führungsaufgabe zu übernehmen, da deren Übernahme aufgrund der damit verbundenen zeitlichen Beanspruchung die Verringerung der fachlichen Aufgaben und der persönlichen Fachexpertise zur Folge haben muss. Primäres Ziel der Fachkarriere ist es, diese Mitarbeitergruppe zu motivieren und ihr ein über die Fachaufgabe definiertes alternatives Aufstiegssystem anzubieten. Die Fachkarriere dient somit insbesondere der Erhaltung hochqualifizierter Fachkräfte. Vor allem für solche Unternehmen kommen Fachkarrieren in Frage, welche in genügendem Umfang Fachspezialisten aufweisen (z. B. in der Entwicklung, der Forschung, in der Informatik oder im Marketing).

Mit der Fachkarriere wird ein zweiter Hierarchieast, parallel zum Leitungsgefüge eingerichtet. Bei der Beschreibung der Spezialisierung interessieren hierbei insbesondere der Aufgabeninhalt und die Positionsausstattung. Im Weiteren bedarf auch der neue Hierarchieast einer Gliederungstiefe und der Regelung von Unterstellungsverhältnissen. Das Design der Fachkarriere beinhaltet vor allem die Festlegung klar unterscheidbarer Rangstufen, die Definition der Gehaltsbandbreiten und weiterer spezifischer rangstufengerechter Anreize sowie die Bestimmung der Eingangsvoraussetzungen, der Auswahl- und Leistungsbeurteilungskriterien für die einzelnen Stufen. Tabelle 2 zeigt ein Beispiel einer Fachkarriere.

Rangstufe	Leitungsebene	Fachkarrierenstufe
1	Direktor	
2	Bereichsleiter	Fachwissenschaftlicher Berater
3	Abteilungsleiter	Wissenschaftlicher Experte
4	Gruppenleiter	Fachwissenschaftler
5	Mitarbeiter	Wissenschaftlicher Assistent

Tabelle 2: Beispiel einer Fachkarriere (vgl. Friedli, Vera 2002: S. 34)

Eine Wechselmöglichkeit von der Fach- zur Führungs- oder Projektkarriere ist aus Sicht der Mitarbeitenden grundsätzlich wünschenswert. Dies setzt aber voraus, dass die Durchlässigkeitsmassnahmen und -voraussetzungen klar definiert und frühzeitig den Aspiranten für die jeweiligen Karrieremodelle kommuniziert werden.

6.2.3 Die Projektkarriere

In vielen Unternehmensbereichen wird zunehmend in Projekten gearbeitet. Projekte stellen komplexe, umfangreiche und neuartige Aufgabenstellungen dar, deren meist interdisziplinäre Bewältigung zeitlich befristet ist. In Ergänzung zu den hierarchisch orientierten Karrieremodellen ergibt sich durch die vermehrte Arbeit in Projekten eine eher horizontal (traversal) orientierte dritte, praxisrelevante Karrierestruktur. Dabei handelt es sich nicht nur um den üblichen Einsatz der Mitarbeitenden in der Projektarbeit, sondern um eine systematische Einbindung der Projektarbeit in das Personalentwicklungskonzept. Die oft in Ergänzung zur hierarchischen Organisationsstruktur von Unternehmen verwendete Projektorganisation bietet aufgrund ihrer zeitlichen Befristung die Möglichkeit der Potenzialerkennung i. S. eines realen Assessments. Je nach Stellung des Mitarbeitenden in der Projektorganisation und je nach Gewicht des Projektes innerhalb der Unternehmensaufgaben ergeben sich durch den Einsatz im Projekt alternative Karrierepfade. Ein möglicher Werdegang wäre z. B. Projektmitarbeiter in Projekten mit zunehmendem Wichtigkeitsgrad der Projektaufgabe; mehrere Einsätze als stellvertretender Projektleiter und als Projektleiter in Projekten mit aufsteigendem Komplexitäts- und Bedeutungsgrad.

In der Regel findet für den Mitarbeitenden keine Positionsbestimmung im Vergleich zur Fach- und/oder Führungskarriere statt. Dies entspricht nicht dem Wunsch vieler Mitarbeiter nach Anerkennung ihrer Tätigkeiten. Nicht selten wird aber das Durchlaufen einer Projektkarriere als Karriereschritt im Rahmen der Führungskarriere gesehen und dient somit als Sprungbrett zu höheren Stufen in der Linienkarriere. Gerade diese häufig anzutreffende Konstellation bewirkt, dass die Durchlässigkeit von der Projekt- zur Führungskarriere bei genügender Eignung des Kandidaten gegeben ist. Die faktische Einbindung der Projektkarriere in den Dienst der Führungsqualifikation verhindert aber in den meisten Fällen eine ernsthafte Auseinandersetzung mit der Schnittstelle zur Fachkarriere. Noch scheint der Bedarf an Lösungsansätzen zu umfassenden und durchlässigen Karrierekonzeptionen eher gering zu sein.

6.2.4 Weitere Ansätze zu Karrieremodellen

Zusätzlich zu den beschriebenen drei Karrieremodellen werden auch neuere Modelle in der Praxis eingesetzt und in der Literatur beschrieben.

Der Abbau von Hierarchien folgt dem Trend 'mehr Effizienz durch schlankere Strukturen'. Somit liegen Modelle nahe, welche die Karriere eher in die Fläche projizieren, d. h. Stellen- und Positionswechsel mittels Job-Rotation und Job-Enrichment anstreben. Inhaltlich eher dem Gedanken der Fachkarriere nahe stehend, fehlt in diesen neuen Ansätzen der Aufstiegsgedanke. Neben das Bild der Karriereleiter wird neu jenes der Kompetenzfläche gestellt (vgl. z. B. Fuchs, Jürgen 1998).

Ein weiterer Trend im Rahmen neuerer Modelle geht in Richtung **internationale Karriere**. Insbesondere in international tätigen Unternehmen besteht für die Mitarbeitenden möglicherweise die Option, auch im Ausland für das Unternehmen tätig zu sein und so wertvolle Erfahrungen zu sammeln. Während in einigen Unternehmen hierbei vor allem der Wunsch des Mitarbeiters nach einem Auslandsaufenthalt im Vordergrund steht, wurde bei anderen Betrieben der Auslandsaufenthalt bereits standardisiert und ist für die weitere Karriere zur Bedingung geworden. „Wachsende internationale Verflechtungen der Unternehmen erfordern Auslandserfahrung der Mitarbeiter. International tätige Unternehmen entsenden ihre Beschäftigten kurz-, mittel- oder langfristig zu ihren Auslandsniederlassungen oder Tochtergesellschaften, damit diese beim Aufbau das notwendige technische oder managementbezogene Wissen einbringen können. Zielgruppen für Auslandsentsendungen sind Praktikanten, Trainees, Nachwuchsfachkräfte, Nachwuchsführungskräfte und Führungskräfte" (Becker, Manfred 1999: S. 406).

Mit dem strukturellen Wandel in Wirtschaft und Gesellschaft verändern sich auch die Karrieremuster. Während ein Mitarbeiter früher oftmals sehr lange Zeit für dasselbe Unternehmen arbeitete, wechseln nun die meisten Mitarbeiter im Laufe ihrer Arbeitstätigkeit nicht nur das Aufgabenfeld sondern auch das Unternehmen. Dieser Unternehmenswechsel kann innerhalb derselben oder zwischen verschiedenen Branchen stattfinden. Eine individuelle berufliche Karriere begrenzt sich nicht nur auf ein Unternehmen, sondern setzt sich zusammen aus Aufgabenfeldern in verschiedenen Unternehmen, welche unterschiedlichen Branchen angehören können.

C) Erhaltung von Hochschulabsolventen bzw. High Potentials

7 Einleitung

Wechselten die Mitarbeitenden in den letzten Jahren recht häufig ihre Arbeitsstelle, so wird zumindest auf Seiten der Geschäftsleitung die Forderung nach einem längerfristigen und somit nachhaltigeren Personalmanagement laut. In der Unternehmenspraxis konzentrieren sich nicht selten die Personalerhaltungsanstrengungen auf eine vergleichsweise kleine Mitarbeitergruppe der so genannten Schlüsselmitarbeitenden bzw. High Potentials: Mitarbeitende, welche durch besonderes Engagement und überdurchschnittliche Leistungen auffallen, durch Ausbildung im Unternehmen oder durch ein gutes bis sehr gutes Studium hervorragend qualifiziert sind und weiteres Entwicklungspotenzial aufweisen (vgl. Wollsching-Strobel, Peter 1999: S. 7).

Nicht alle Hochschulabsolventen gehören per se zu den High Potentials, jedoch wird die Bezeichnung mehrheitlich auf junge Talente unter den Hochschulabsolventen und auf schon einige Jahre im Berufsleben stehenden Fach- und Führungsnachwuchs mit erkennbarem Entwicklungspotenzial angewandt.

Aus unternehmensinternen Daten der Leistungs- und Potenzialbeurteilung lassen sich Mitarbeitende in Gruppen zusammenfassen und in so genannten Portfolios darstellen (vgl. Graf, Anita 2002). Abbildung 6 zeigt, dass High Potentials nur einen sehr kleinen Anteil der Gesamtbelegschaft ausmachen.

Abbildung 6: Personalportfolio

Quadrant (oben links): Talente
Quadrant (oben rechts): High Potentials — Effiziente MA mit weiterem Potenzial
Quadrant (unten links): Fragezeichen / Problemfälle
Quadrant (unten rechts): Effiziente MA

Y-Achse: Potenzial für die Wahrnehmung komplexer Aufgaben/Stellenanforderungen (niedrig – hoch)
X-Achse: Erfüllung der derzeitigen Stellenanforderungen (niedrig – hoch)

8 Anreizmanagement für High Potentials

Ein umfassendes, zur Erhaltung von Schlüsselmitarbeitenden geeignetes Anreizsystem enthält verschiedene Anreize, sowohl materielle als auch immaterielle und basiert auf der extrinsischen und intrinsischen Motivation (vgl. Abbildung 7).

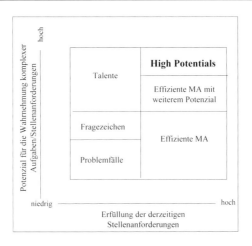

Extrinsische Motivation				Intrinsische Motivation
Materielle Anreize		**Immaterielle Anreize**		
FINANZIELLE ANREIZE (Entlöhnung i. w. S.)		SOZIALE ANREIZE	ORGANISATORISCHE ANREIZE	Die Arbeit selbst ist Anreiz.
Direkte finanzielle Anreize	Indirekte finanzielle Anreize	z. B. Gruppenmitgliedschaft, Kommunikation etc.	z. B. Führung, Arbeitszeit, Personalentwicklung etc.	
Entlöhnung i. e. S.	Fringe Benefits			

Abbildung 7: Umfassendes Anreizsystem

High Potentials lassen sich nicht (mehr) ausschliesslich durch spezielle finanzielle Mittel binden, sondern es bedarf mindestens ebenso der immateriellen Anreize wie z. B. dem angemessenen Führungsstil der Vorgesetzten, der geeigneten Unternehmensstruktur, eines ansprechenden Karriereangebotes etc. Solche Anreize sind nicht selbstverständlich: „About one third of the interviewed companies report to offer a mostly attractive to very attractive non-material incentive model; another quarter describe their model of incentive at least as rather attractive. However, over 40 percent are of the opinion that non-material incentives are 'rather' to 'not at all' attractive for employees" (Zaugg, Robert J./Blum, Adrian/Thom, Norbert 2001: S. 22). Für die High Potentials besonders wichtig, ist die Arbeit an sich: Arbeitsinhalt, Verantwortung und Kompetenz abgestimmt mit der Aufgabe, Selbstorganisation bei der Aufgabenerfüllung etc.

Nicht vergessen werden darf, dass im Rahmen einer freiheitlichen Wirtschafts- und Gesellschaftsordnung auch Personalerhaltungsstrategien nie das Ziel einer Fluktuation Null haben sollten. Mitarbeitende lassen sich nicht binden. Es können lediglich Anreize zum Verbleib im Unternehmen geboten werden. Es gilt die Devise: ‚Able to go, but happy to stay!'

Zur Erhaltung der High Potentials gilt es auch, ihrer Work-Life-Balance (vgl. Martel, Leon 2002: S. 28-36) Rechnung zu tragen. „Ziel der ‚Work-Life-Balance' ist es, ein ausgewogenes Verhältnis zwischen Arbeit- und Privatleben herzustellen. Der Waagebalken zwischen Karriere und Freizeit oder Familie gerät in Schieflage durch verstärkten Leistungsdruck, Überstunden, Stress am Arbeitsplatz und der Forderung, sich auch in nebenberuflichen Tätigkeiten zu engagieren" (Moser, Regine/Saxer, Andrea 2002: S. 31). Hierunter fallen insbesondere verschiedene Instrumente und Modelle des Arbeitszeitmanagements wie z. B. Jahresarbeitszeit oder Sabbaticals (vgl. im Einzelnen Blum, Adrian/Zaugg, Robert J. 1999).

Zusätzlich zu den psychosozialen Funktionen der Arbeit (vgl. die Übersicht in Tabelle 3) ist der kontinuierlichen Pflege von High Potentials besonderes Augenmerk zu schenken. Hierunter kann z. B. die Schaffung eines Nachwuchskräfte-Pools mit entsprechender firmenindividueller Beachtung und Förderung fallen. Bereits das Gefühl zu den ‚wichtigen Mitarbeitenden' des Unternehmens zu gehören, kann die Fluktuation in der betreffenden Mitarbeitergruppe mindern. Regelmässige Entwicklungs- und Karrieregespräche fördern bei den Betroffenen die Konkretisierung ihrer Zukunftsvorstellungen im Unternehmen.

Aktivität und Kompetenz	Die Aktivität, die mit Arbeit verbunden ist, ist eine wichtige Voraussetzung für die Entwicklung von Qualifikationen. In der Bewältigung von Arbeitsaufgaben erwerben wir Fähigkeiten und Kenntnisse, zugleich aber auch das Wissen um diese Fähigkeiten und Kenntnisse, also ein Gefühl der Handlungskompetenz.
Zeitstrukturierung	Die Arbeit strukturiert unseren Tages-, Wochen- und Jahresablauf, ja die gesamte Lebensplanung.
Kooperation und Kontakt	Die meisten beruflichen Aufgaben können nur in Zusammenarbeit mit anderen Menschen ausgeführt werden. Das bildet eine wichtige Grundlage für die Entwicklung kooperativer Fähigkeiten und schafft ein wesentliches soziales Kontaktfeld.
Soziale Anerkennung	Durch die eigene Leistung sowie durch die Kooperation mit anderen erfahren wir soziale Anerkennung, die uns das Gefühl gibt, einen nützlichen Beitrag für die Gesellschaft zu leisten.
Persönliche Identität	Die Berufsrolle und die Arbeitsaufgabe sowie die Erfahrung, die notwendigen Kenntnisse und Fähigkeiten zur Beherrschung der Arbeit zu besitzen, bilden eine wesentliche Grundlage für die Entwicklung von Identität und Selbstwertgefühl.

Tabelle 3: Psychosoziale Funktionen der Arbeit (vgl. Ulich, Eberhard 1998: S. 438)

Teil II:
Empirische Studien zur Gruppe der Hochschulabsolventen

Teil II des Buches gibt die Ergebnisse unterschiedlicher Studien zur Gruppe der Hochschulabsolventen wieder. Insbesondere liefern Studien zur Ausgestaltung von Trainee-Programmen, zur Konzeption und Umsetzung von Karrieremodellen sowie Befragungen von Hochschulabsolventen und High Potentials wertvolle Daten zur wirtschaftlichen Realität in der Schweiz.

Überblick zu den empirischen Studien

Teil II des vorliegenden Buches dient der Vermittlung aktueller empirischer Ergebnisse zum Forschungsgegenstand der Hochschulabsolventen. Die nachfolgenden Darstellungen entspringen alle institutseigenen Forschungen (IOP der Universität Bern) zum jeweiligen Thema. Die quantitativen Befragungen erfolgten in abweichenden Kontexten mit unterschiedlichen Befragungsgruppen. So ist es nun möglich, zur Gewinnung, Förderung und Erhaltung von Hochschulabsolventen empirische Daten aus andersartigen Perspektiven, aus verschiedenen Unternehmen und Branchen, aber sämtliche aus dem Zeitraum der jüngeren Vergangenheit vorzustellen. Tabelle 4 stellt die Studien mit den wesentlichen Merkmalen in einer Übersicht dar.

Es wird darauf verzichtet, in diesem Buch der Reihe ‚Praxishilfen für Unternehmungen' die empirischen Studien ausführlich darzustellen sowie ihren jeweiligen konzeptionellen Bezugsrahmen und theoretischen Hintergrund zu erläutern. Jede der in Tabelle 4 genannten Studien wurde an anderer Stelle (vgl. Literaturverzeichnis) bereits dokumentiert, so dass hier eine Konzentration auf einige wenige Befunde erfolgen kann, die Anregungen für spätere Gestaltungsempfehlungen liefern.

Wie Teil I ist auch der folgende Buchteil in die Abschnitte A (Gewinnung von Hochschulabsolventen), B (Förderung von Hochschulabsolventen) sowie C (Erhaltung von Hochschulabsolventen) unterteilt.

Teil II: Empirische Studien

Quellenhinweis (Datendokumentation)	(wichtigste) Methoden der Datenauswertung	Methoden der Datenerfassung	Auswahl der Untersuchungseinheiten	Untersuchungssubjekte/-objekte	Studien
Leuenberger, Matthias (2001)	Häufigkeitsverteilungen, Kreuztabellierung und Zusammenhangsmasse	Quantitative Befragung, vorwiegend standardisierte Fragen	Totalerhebung bei WiSo-Studierenden der Universität Bern ab 6. Semester	(N=297 Studierende der Universität Bern)	**Hochschulabsolventen-Studie**
Zimmermann, Daniel (2001)	Häufigkeitsverteilungen, qualitative Auswertungen	Qualitative Untersuchung der Homepages anhand eines Kriterienkataloges	Gezielte Auswahl von 115 Homepages grosser und beschaffungsaktiver Schweizer Unternehmen	(N=115 Homepages)	**Internet-Studie**
Thom, Norbert/Friedli, Vera/Zimmermann, Reto (2002)	Häufigkeitsverteilungen, Kreuztabellierung und Zusammenhangsmasse, Längs- und Querschnittsvergleiche CH – D	Quantitative Befragung	Vollerhebung der CH-Trainee-Anbieter	(N=63 CH-Unternehmen)	**Trainee-Programm-Studie**
Friedli, Vera (2002)	Häufigkeitsverteilungen, Kreuztabellierung und Zusammenhangsmasse, qualitative Auswertung der Interviews	Quantitative Befragung und qualitative Interviews	Vollerhebung bei Unternehmen ausgewählter Teilbranchen des Dienstleistungssektors	(N=178 Unternehmen)	**Karriereplanung**
Moser, Regine/Saxer, Andrea (2002) sowie Thom, Norbert/Friedli, Vera (2002)	Häufigkeitsverteilungen, Kreuztabellierung und Zusammenhangsmasse, qualitative Auswertung der Interviews	Quantitative Befragung und zwei qualitative Interviews	Vollerhebung der High Potentials der ausgewählten zwei Grossunternehmen	(N=535 High Potentials zweier CH-Grossunternehmen)	**High Potential-Befragung**

Tabelle 4:   Übersicht zu den empirischen Studien

A) Hochschulabsolventen gewinnen

9 Personalmarketing aus Sicht der Studierenden

Die jüngste Erhebung bei den Studierenden der Universität Bern fand im Jahre 2000 statt (vgl. Leuenberger, Matthias 2001). Im Rahmen dieser Studie wurden alle Studierenden, welche im Hauptfach seit mindestens sieben Semestern BWL bzw. BWL im Nebenfach seit mindestens drei Semestern belegten nach ihren Berufsvorstellungen und -wünschen befragt. Die Rücklaufquote der Studie betrug 44,7 % bzw. 297 Studierende, wovon 29,1 % Frauen waren.

9.1 Berufsvorstellungen

Die Studierenden wurden nach ihren Berufsvorstellungen, insbesondere den wichtigen Aspekten bei der Wahl der Erststelle, der Bedeutung der Vereinbarkeit von Beruf und Privatleben und den wesentlichen Dimensionen des Arbeitsinhaltes befragt.

Zu den wichtigsten Aspekten bei der Wahl der Erststelle nach dem Studium wurden insbesondere der Arbeitsinhalt (MW=1,19), das Ausbildungsangebot (MW=1,58) und die Vereinbarkeit mit dem Privatleben (MW 1,63) gezählt. Abbildung 8 gibt einen Überblick über die Bedeutung von sieben Merkmalen, die mit der ersten Stelle nach dem Studienabschluss verbunden werden.

Der Aspekt der Vereinbarkeit mit dem Privatleben ist für Frauen leicht wichtiger als für Männer. So stufen 55,4 % bzw. 35,9 % der Frauen diesen Aspekt als sehr wichtig bzw. wichtig ein, während 50,2 % bzw. 36,4 % der Männer diese Ansicht teilen.

Während der Arbeitsinhalt und das Ausbildungsangebot auch bei früheren Studien (gleiches Design und formal übereinstimmende Abgrenzung der Zielgruppe) an der Spitze lagen, ist die ‚Vereinbarkeit mit dem Privatleben' im Jahre 2000 erstmals auf Platz 3 positioniert worden.

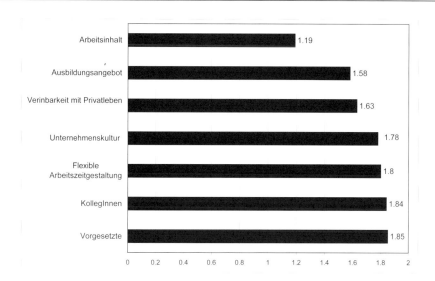

Abbildung 8: Bedeutung einzelner Aspekte bei der Wahl der Erststelle[1]

Als wesentliche Aspekte des Arbeitsinhaltes schätzen die Befragten folgende Merkmale ein: vielseitige Tätigkeit (MW=1,45), anspruchsvolle Tätigkeit (MW=1,57), Freiräume für eigene Ideen (MW=1,63), soziale Kontakte (MW=1,91) und die Anwendbarkeit der Kenntnisse aus dem Studium (MW=2,79) als sehr wichtig bis wichtig ein.

9.2 Bevorzugte Arbeitgeber

Für 42 % der Befragten spielt es keine Rolle, wie viele Beschäftigte der erste Arbeitgeber hat. 16 % bevorzugen ein Grossunternehmen, 26 % mittlere und 14 % bzw. 2 % gar Klein- bzw. Kleinstunternehmen (1 bis 9 Mitarbeitende). Der präferierte Arbeitsort liegt für rund 60 % in der Schweiz (vgl. Abbildung 9).

---

[1] Die Mittelwerte (MW) entsprechen in allen Abbildungen zu dieser Studie folgender Skala: 1=sehr gut/sehr wichtig bis 5=sehr schlecht/völlig unwichtig.

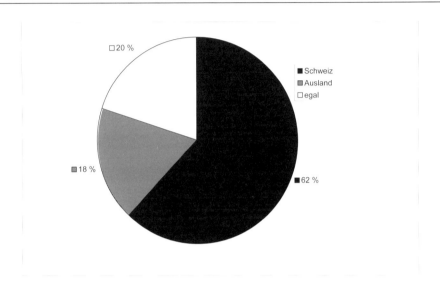

Abbildung 9: Bevorzugter Arbeitsort für Studierende der BWL (Universität Bern)

Die von den Studierenden bevorzugten Arbeitsorte im Ausland sind Europa (37 Nennungen), USA (26), Asien (6), Südamerika (5) sowie Kanada (4).

Die beliebtesten Branchen sind Banken und Versicherungen (41,6 %), Telekommunikation (39,9 %), Handel (32,6 %), IT (29,2 %) und Industrie (27,8 %). Rund ein Viertel der Befragten gab an, sich selbstständig machen zu wollen und nur rund 6 % antworteten, dass für sie die Branche keine Rolle spiele.

9.3 Informationsbeschaffung

Informieren sich Studierende über freie Stellen, so schöpfen sie in erster Linie das Angebot im Internet aus. Dieses Medium wird sowohl als Quelle für die Informationsbeschaffung über das Unternehmen (MW=1,81) als auch als Informationsquelle bezüglich freier Stellen (MW=1,8) als sehr wichtig erachtet. Weitere nützliche schriftliche Quellen sind u. a. Stellenanzeigen (MW=1,89), selbstständiges Anschreiben (MW=2,04), die Tagespresse (MW=2,34), die Fachpresse (MW=2,36) oder die Elektronischen Stellenbörsen (MW=2,38).

Über die Wichtigkeit der mündlichen Informationsquellen informiert Abbildung 10.

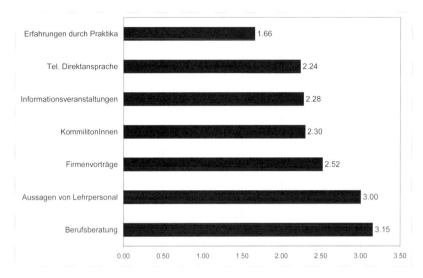

Abbildung 10: Mündliche Quellen über offene Stellen für BWL-Absolventen (Universität Bern)

Aus der Befragung ging hervor, dass rund drei Viertel der Antwortenden (73 %) das Internet regelmässig für die Stellensuche einsetzen. Ebenso zeigte sich, dass zwischen Frauen und Männern bezüglich der Internetbenutzung nur geringfügige Unterschiede bestehen.

10 Electronic Recruiting

Die IOP-Studie ‚Personalmarketing im Internet' untersuchte und bewertete im Jahre 2001 die Homepages von 115 grossen und beschaffungsaktiven Schweizer Unternehmen, wobei dem Sieger nachfolgend der IOP-Award (vgl. Zimmermann, Daniel 2001) verliehen wurde. Die Untersuchung wurde mittels eines Kriterienkataloges durchgeführt, wobei rund 50 Fragen bezüglich der Qualität der Homepage beantwortet werden mussten. Wesentliche Kriterien waren die Auffindbarkeit, die Präsentation und Navigation, der Informationsgehalt, die Interaktivität sowie die Technik und Sicherheit der jeweiligen Seite.

Nachfolgend werden aus der Vielzahl der Kriterien jene zur Auffindbarkeit, Präsentation und Navigation sowie zum Informationsgehalt erläutert.

10.1 Auffindbarkeit

Mittels der Wahl eines geeigneten Domain-Namens wird die Auffindbarkeit entsprechender Stellenangebote massgeblich erhöht. 73,9 % der befragten Unternehmen können direkt über ihren Firmennamen im Internet erreicht werden. 97,4 % der Domain-Namen sind bei Switch registriert. Weniger gut sind die entsprechenden Seiten in den Suchmaschinen vertreten: Bei 49,6 % ist nur der Firmenname in den Suchservern eingetragen, nicht aber die Personalseite.

10.2 Präsentation und Navigation

Eine benutzerfreundliche Abfrage bedingt eine *ansprechende Gliederung* und *geeignete Navigationsmöglichkeiten*. Die Gliederung soll dabei relativ einfach gehalten sein, damit der Benutzer nicht die Übersicht verliert. 44,3 % der untersuchten Homepages verfügten über keine (nachvollziehbare) Gliederung. 55,7 % wiesen eine logische Gliederung auf. Rund 40 % der Unternehmen verfügen über eine Sitemap und 53 % aller Unternehmen bieten eine Such-Funktion an.

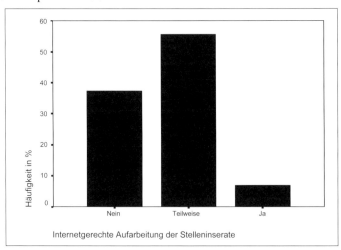

Abbildung 11: Internetgerechte Aufarbeitung der Stelleninserate (Zimmermann, Daniel 2001: S. 92)

Auf den Jobseiten zeigen rund 14 % der Unternehmen *animierte Grafiken*, 17 Unternehmen arbeiten *gänzlich ohne Abbildungen* und rund 70 % verwenden *normale Bilder* und *visuelle Navigationshilfen*. Nicht erstaunen dürfte die Tatsache, dass rund 85 % der Unternehmen im HR-Bereich dasselbe Design (Corporate Design) anwenden, welches auch im übrigen Internetauftritt des Unternehmens verwendet wird. Abbildung 11 zeigt die Häufigkeit der internetgerechten Aufarbeitung der Stelleninserate. Daraus wird ersichtlich, dass noch viele Chancen zur Verbesserung der internetgestützten Personalgewinnung ausgeschöpft werden können.

10.3 Informationsgehalt

„Das Internet als permanent aktuelles Informationsmedium verlangt unbedingt eine regelmässige Aktualisierung und Pflege der Daten. Ein veralteter Internetauftritt wirkt unattraktiv" (Zimmermann, Daniel 2001: S. 75). Trotzdem hinterliessen 8,7 % der untersuchten Homepages bezüglich der Aktualität einen sehr schlechten Eindruck. *Topaktuelle News und Informationen* boten zum Untersuchungszeitpunkt 43,5 % der Unternehmen an. Nur rund jedes fünfte Unternehmen bietet *allgemeine Informationen zu Kultur, Strategie etc.* an. Abgesehen vom breiten Informationsangebot lebt eine Internetseite insbesondere von der Aktualität der aufgeschalteten Informationen. So gilt ein aktueller *Newsbereich* im Personalressort als Indikator dafür, ob der Internetauftritt regelmässig bearbeitet und gepflegt wird. Nur gerade 7 Unternehmen bzw. 6,1 % verfügen über einen Newsbereich, einer davon war zudem zum Erhebungszeitpunkt erheblich veraltet. *Zusätzliche Informationen* z. B. zu Arbeitszeitmodellen oder Fringe Benefits werden nur von 6,1 % bzw. 8,7 % zur Verfügung gestellt. Demgegenüber geben immerhin 20 Unternehmen (17,3 %) den Homepage-Besuchern *Bewerbungstipps*.

Eine differenzierte Ansprache von Schülern, Studierenden, Absolventen und Professionals kann den unterschiedlichen Anforderungen der verschiedenen Bewerbersegmente gerecht werden. Dies entspricht dem Gedanken der Zielgruppendifferenzierung aus dem Personalmarketing. Nur sehr wenige Unternehmen, nämlich 11 von 115, bieten eine solche Unterteilung an.

In einem weiteren Schritt wurden auch die Informationen innerhalb des eigentlichen Stelleninserates untersucht: Bedenklich hoch war hier die Zahl derer, welche höchst relevante Informationen nicht erwähnten. 35,7 % der ausgewerteten Unternehmen machten *keine Angaben zum Arbeitsort*, 78,3 % erwähnten *kein Einstellungsdatum*.

Abbildung 12 stellt das Durchschnittsprofil im Vergleich zur (auch nicht perfekten) Best Practice des nachfolgenden Gewinners des IOP-Awards dar. Eine

Überprüfung der Homepages rund 1 Jahr nach der ersten Evaluation ergab bedeutende Änderungen. Die Wettbewerbsintensität auf dem Markt für ‚Electronic Recruiting' nimmt offensichtlich zu (vgl. Zimmermann, Daniel 2003).

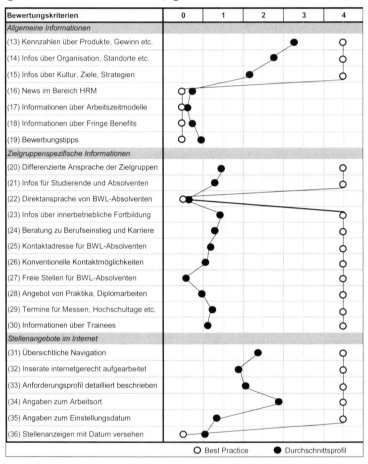

Abbildung 12: Durchschnittsprofil und Best Practice im Bereich des Informationsgehaltes beim Electronic Recruiting (Zimmermann, Daniel; 2001, S. 96)[2]

---

[2] Die Beurteilungsskala ist grob als Kontinuum von 0=Nein bzw. keine Angaben bis 4=differenzierte Ausgestaltung des zu überprüfenden Items. Für detailliertere Angaben zur Beurteilung der Antworten vgl. Zimmermann, Daniel 2003: S. 22 ff.).

11 Zwischenfazit zur Gewinnung von Hochschulabsolventen

Aus den vorab beschriebenen Studien geht hervor, dass sich Hochschulabsolventen bereits frühzeitig Gedanken zur beruflichen Zukunft und damit zu ihrer Erststelle und deren Ausstattung machen. Aus Arbeitgebersicht ist es deshalb wichtig, möglichst früh auf den Entscheidungsprozess der potenziellen Mitarbeiter Einfluss zu nehmen. Dabei gewinnt das Medium Internet immer mehr an Bedeutung, gerade in diesem Bewerbersegment. Es ist somit sinnvoll, dass zur Gewinnung von Hochschulabsolventen durch die Unternehmen immer mehr das Internet als Marketinginstrument genutzt wird. Während einigen Unternehmen die Nutzung dieses Instrumentes bereits sehr gut gelingt, lassen sich bezüglich Information und Ansprachedifferenzierung bei anderen noch teilweise gravierende Schwachstellen erkennen, was eine optimale Internetnutzung bisher nicht ermöglicht.

B) Hochschulabsolventen fördern

12 Trainee-Programme in der Schweiz

Im Frühjahr 2002 wurden alle Schweizer Unternehmen mit Trainee-Programmen angeschrieben und in einer quantitativen Befragung (vgl. Zimmermann, Reto 2002) nach der Konzeption und Durchführung dieser Personalentwicklungsmassnahmen befragt. Die Ziele der Befragung bestanden einerseits darin, eine umfassende Ist-Aufnahme über die Verbreitung und Anwendung von Trainee-Programmen bzw. Trainee-Programm ähnlichen Ausbildungsaktivitäten in der Praxis von Schweizer Unternehmen zu erhalten, andererseits einen Überblick über aktuelle Konzeptionen und Merkmale bzw. spezifische Trends bei diesen Einführungsprogrammen für Hochschulabsolventen zu gewinnen. Der Vergleich mit früheren Ergebnissen (vgl. Arnold, Andreas 1998, vgl. Thom, Norbert/Friedli, Vera/Kuonen, Daniela 2002) sollte zudem ermöglichen, Trends und Änderungen im Themengebiet zu erkennen. Die erhobenen Daten werden mit den Ergebnissen früherer Befragungen verglichen, um Aufschluss über die Entwicklungstendenzen dieser Programme zu erhalten. Im Sinne eines Längsschnittvergleichs soll insbesondere aufgezeigt werden, wie sich die Ausbildungs- und Trainee-Programme in der Schweiz seit der letzten Studie von Weibel (1996) verändert und entwickelt haben. Ebenso fliessen die Ergebnisse der neuesten Studie aus Deutschland (vgl. Thom, Norbert/Friedli, Vera/Kuonen, Daniela; 2002) punktuell mit ein.

12.1 Grundgesamtheit und Rücklauf

Das Untersuchungs-Universum wurde durch intensive Vorarbeiten ermittelt. Als Hinweise, dass ein Unternehmen ein relevantes Ausbildungsprogramm (immer synonym für Trainee-Programm verwendet) anbieten könnte, galten insbesondere Stellenanzeigen und Artikel in Zeitschriften (für Hochschulabsolventen) und Tageszeitungen sowie die Präsenz an Absolventenkongressen und Firmenkontakttagen an den Schweizer Universitäten. So konnten nach mehreren Vorabklärungen 63 Unternehmen identifiziert werden, die ein Trainee-Programm anbieten und an welche ein Fragebogen gesandt wurde. Abbildung 13 zeigt die Branchenzugehörigkeit der antwortenden Unternehmen (Rücklaufquote 66,6 %, d. h. 42 Unternehmen).

Teil II: Empirische Studien 41

Die überwiegende Mehrheit der antwortenden Unternehmen (80,5 %) gehört einem Konzern an. Nur 19,5 % bezeichnen sich als konzernfreie Unternehmen. Ein Unternehmen hat die Frage der Konzernzugehörigkeit nicht beantwortet.

Die mittelgrossen Unternehmen mit weniger als 1'000 Beschäftigten machen 16,7 % der Ausbildungsprogramm-Anbieter aus (7 Nennungen). Davon beschäftigen nur zwei Unternehmen weniger als 100 Mitarbeiter. Mehr als 83 % der Anbieter haben über 1'000 Personen angestellt. Genau ein Drittel der 42 Ausbildungsprogramm-Anbieter (14 Nennungen) bilden Unternehmen mit über 50'000 Arbeitnehmern. Es ist also weiterhin so, dass vor allem grosse Unternehmen Ausbildungsprogramme der hier zu untersuchenden Art anbieten.

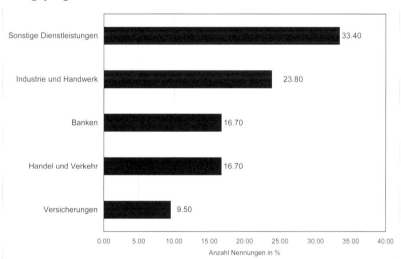

Abbildung 13: Anbieter von Ausbildungsprogrammen nach Wirtschaftszweigen

Auffallend ist, dass gegenüber früheren Studien der Anteil der Konzerne mit über 50'000 Mitarbeitern deutlich zugenommen hat. In der Studie von Weibel (1996) machten diese 18 % aus, in der Deutschlandstudie von Thom, Norbert/Friedli, Vera/Kuonen, Daniela (2002) nur 10 %.

Die Frage nach der Anzahl der Teilnehmer, die zum Befragungszeitpunkt ein Ausbildungsprogramm durchlaufen, beantworteten 38 von 42 Unternehmen. Diese 38 Arbeitgeber stellen zusammen 1'181 Ausbildungsprogramm-Plätze zur Verfügung. Im Durchschnitt bieten die Unternehmen 31 Plätze an. Aufgrund der grossen Standardabweichung (SW=71,4), ist der arithmetische Mittelwert aber nicht sehr aussagekräftig. Über die Hälfte der Unternehmen (52,6 %) haben 4 oder weniger Trainees eingestellt (Median). Die meisten Unternehmen (10 Nennungen) bildeten zum Untersuchungszeitpunkt nur 2 Trainees aus.

Seit der letzten Studie in der Schweiz ist eine markante Zunahme der Ausbildungsplätze zu verzeichnen. 1996 wurden in der Schweiz nur 453 Plätze angeboten. Trainee-Programme werden offensichtlich als ein attraktives und geeignetes Instrumentarium zur Förderung von Hochschulabsolventen betrachtet.

12.2 Ziele und Aufgaben von Ausbildungsprogrammen

Bei der Frage nach den massgeblichen Aufgaben und Zielen des Ausbildungsprogramms waren 9 Antwortmöglichkeiten vorgegeben. Das wichtigste Ziel der Ausbildungsprogramme ist die *Erhöhung der fachlichen Qualifikation*, gefolgt vom Ziel der *Schaffung eines breiten Führungsnachwuchskräftepools*. Die Unternehmen wollen den hohen Anforderungen, die durch die verstärkte Internationalisierung der heutigen Wirtschaft an die Führungskräfte gestellt werden, durch die Schaffung eines breiten Führungsnachwuchskräftepools mit fachlich sehr gut qualifizierten Mitarbeitern begegnen. Damit haben die Unternehmen die Möglichkeit, vakante Positionen schnell und passend aus den eigenen Reihen zu besetzen.

Auffallend ist die sehr hohe Bewertung der *Erhöhung der Arbeitszufriedenheit*. Über 88 % der Unternehmen haben dies als eine wichtige oder sehr wichtige Aufgabe/Zielsetzung des Ausbildungsprogramms angegeben. Nur zufriedene und motivierte Teilnehmer sind überdurchschnittlich leistungsfähig und bleiben den Unternehmen auch nach dem Programm erhalten. In der Tabelle 5 werden die Aufgaben und Ziele nach der durchschnittlichen Bewertung rangiert dargestellt.

Die Programmverantwortlichen bewerten die Lernziele, die unter dem Begriff Sozialkompetenz zusammengefasst werden können, sehr hoch. Mit Ausnahme der *Förderung der Teamorientierung* werden alle Ziele von mehr als 75 % der Unternehmen als wichtig oder sehr wichtig bezeichnet (vgl. Tabelle 5). Hohe Bewertungen erhalten auch sämtliche Fachkompetenz-Ziele. Die Ziele zur Integration und Identifikation werden als deutlich weniger wichtig angesehen.

Aufgaben und Ziele von Ausbildungsprogrammen	%[3]	Bewertung
Erhöhung der fachlichen Qualifikation (N=42)	88,1 %	4,45
Schaffung eines breiteren Führungsnachwuchskräftepools (N=42)	80,1 %	4,21
Erhöhung der Arbeitszufriedenheit/Motivation des Nachwuchses (N=42)	88,1 %	4,09
Erhöhung der Sozialkompetenz (N=42)	76,2 %	4,07
Erhaltung und Verbesserung der Wettbewerbsfähigkeit (N=42)	69,1 %	3,92
Identifikation von Führungspotenzial (N=42)	73,9 %	3,85
Steigerung der innerbetrieblicheKommunikation/Kooperation (N=41)	59,0 %	3,68
Umfassende Allround-Ausbildung (N=42)	57,2 %	3,66
Erkennen und Vorbereiten von Spezialisten (N=41)	53,6 %	3,39

Tabelle 5: Aufgaben und Ziele von Ausbildungsprogrammen von Hochschulabsolventen

Hier zeigen sich zur sechs Jahre früher durchgeführten Studie von Weibel (1996, CH) deutliche Unterschiede: *Problemlösungs- und Sozialkompetenz* stand damals erst an sechster Stelle und wurde nur mit 2,96 (auf derselben Fünfer-Skala) bewertet. Die *Branchen- und Fachkenntnisse* und das *Erkennen von Fach- und Führungspotenzial* waren damals die wichtigsten Ziele.

Verglichen mit der neuesten Studie aus Deutschland (Thom, Norbert/Friedli, Vera/Kuonen, Daniela 2002) zeigen sich hingegen kaum Unterschiede. Bei der Sozialkompetenz war ebenso die *Förderung der Selbstständigkeit* vor der *Förderung der Problemlösekompetenz* das wichtigste Ziel. Die Ziele der Fachkompetenz und der Integration-/Identifikationsfähigkeit wurden sogar alle in der genau gleichen Reihenfolge wie in der Schweiz bewertet.

---

[3] Die Prozentwerte beziehen sich auf den Anteil der Unternehmen, welche die Items mit wichtig (4) oder sehr wichtig (5) bewertet haben. Dies gilt für alle analog gestaltete Tabellen der Trainee-Programm-Studie.

Lernziele der Ausbildungsprogramme	%	Bewertung
Sozialkompetenz		
Förderung der Selbstständigkeit/Eigeninitiative (N=41)	95,1 %	4,63
Förderung der Problemlösungskompetenz (N=41)	87,8 %	4,31
Förderung der Entscheidungskompetenz und -umsetzung (N=41)	85,4 %	4,19
Förderung der Kommunikationsfähigkeit (N=41)	78,1 %	4,04
Förderung der Teamorientierung (N=41)	73,2 %	3,95
Fachkompetenz		
Vermittlung von firmen- bzw. produktespezifischem Wissen (N=42)	95,2 %	4,57
Kennenlernen von Arbeitstechniken der Praxis (N=42)	76,2 %	4,16
Vermittlung von Managementwissen der Branche (Fachwissen) (N=42)	80,9 %	4,09
Integration und Identifikation		
Kennenlernen der Firmenphilosophie/Unternehmenskultur (N=42)	69,0 %	4,09
Kennenlernen der Organisations- und Entscheidungsstrukturen (N=42)	64,3 %	3,71
Integration in die betrieblichen Sozialstrukturen (N=42)	64,3 %	3,71
Förderung der internationalen Einsetzbarkeit der Mitarbeiter (N=42)	57,2 %	3,50

Tabelle 6: Lernziele der Ausbildungsprogramme für Hochschulabsolventen

12.3 Konzeption und Inhalt der Ausbildungsprogramme

Die Ausbildungsprogramme der 36 ausgewerteten Unternehmen dauern zwischen 6 und 30 Monaten. Der Durchschnittswert liegt bei 16,4 Monaten, der Median bei 17 Monaten. 72,2 % der Programme erstrecken sich auf maximal 18 Monate. Je 8 Unternehmen bieten Ausbildungsprogramme von 12 resp. 18 Monaten an. Bei 6 Unternehmen nehmen die Programme 24 Monate in Anspruch.

Die Aufteilung nach Wirtschaftszweigen zeigt, dass die Versicherungen mit durchschnittlich 18,3 Monaten eher längere Programme anbieten, während umgekehrt die sonstigen Dienstleistungsunternehmen mit durchschnittlich 14,1 Monaten deutlich kürzere Programme durchführen. Bei 5 der 9 Dienstleistungsunternehmen dauern die Programme nur 6 bis 12 Monate. Nur ein Anbieter (aus der Industrie) hat ein Programm, das über 25 Monate dauert. Kurze Programme (6-12 Monate) werden am häufigsten von mittelgrossen Unternehmen (unter 1'000 Mitarbeiter) angeboten. 7 der 8 Unternehmen mit 1'000-4'999 Mitarbeitern bieten Programme an, die zwischen 6 und 18 Monaten dauern. Nur ein Unternehmen dieser Grössenklasse gestaltet sein Programm länger als 18 Monate.

Ausbildungsprogramme können laufend, regelmässig oder nur bei Bedarf veranstaltet werden. Von den 41 antwortenden Unternehmen bieten 35 (85,4 %) ihr Programm *laufend oder regelmässig* an. 6 Unternehmen (14,6 %) führen ihr

Programm *nur bei Bedarf* durch. Eine klare Unterscheidung zwischen laufend und regelmässig konnte aufgrund der Antworten nicht gemacht werden. Nur 16 Unternehmen beantworteten die entsprechende Zusatzfrage. Bei 3 dieser Unternehmen kann *monatlich* in das Programm eingestiegen werden, 6 Unternehmen bieten ihr Programm nur *einmal jährlich* an.

Über die Hälfte (52 %) der Ausbildungsprogramme sind *ressortübergreifende* Programme, während 48 % der Unternehmen ihre Programme *ressortbegrenzt* durchführen. 29 % der Unternehmen realisieren ihr Ausbildungsangebot *überwiegend* ressortbegrenzt, wobei ein Kurzdurchlauf durch andere Bereiche ergänzt werden kann. 19 % der Unternehmen gestalten die Programme *ausschliesslich* ressortbegrenzt, also nur in einem Funktionsbereich. Von der Gesamtauswertung unterscheiden sich vor allem die Dienstleistungsunternehmen (DL), bei denen 64 % der Programme *ressortübergreifend* sind, und die Industrieunternehmen (I), bei denen nur 40 % dem *ressortübergreifenden* Typus angehören.

		B	H/V	I	V	DL	Gesamt
Art der Programme	ressortbegrenzt	1	1	2	2	2	8
	überw. ressortbegrenzt	2	3	4		3	12
	ressortübergreifend	4	3	4	2	9	22
Gesamt		7	7	10	4	14	42

Tabelle 7: Ressortübergreifende vs. ressortbegrenzte Trainee-Programme

Bei der Auswertung nach der Unternehmensgrösse fällt auf, dass alle Programme der Unternehmen mit weniger als 1'000 Mitarbeitern ressortübergreifend ausgestaltet sind, während der Anteil der ressort-übergreifenden Programme bei den Unternehmen mit über 1'000 Mitarbeitern nur 43 % ausmacht.

29 Unternehmen (69 %) charakterisieren ihr Programm als *überwiegend praktische Arbeit* (Learning-by-doing), 6 Unternehmen (14,3 %) als *überwiegend Projektarbeit*, welche als praktische Arbeit aufgefasst werden kann. Diese beiden Antwortkategorien sind nicht überschneidungsfrei, was sich auch dadurch zeigt, dass 3 Programmverantwortliche sowohl praktische Arbeit als auch Projektarbeit ankreuzten.

Die Programme in der Schweiz dauern im Durchschnitt länger als diejenigen in Deutschland. In der Untersuchung von 2001 wurde für Deutschland eine durchschnittliche Dauer (über alle Wirtschaftszweige) von nur 14,2 Monaten ermittelt (vgl. Thom, Norbert/Friedli, Vera/Kuonen, Daniela 2002: S. 14). Unter dem Gesamtdurchschnitt lagen auch in Deutschland die Dienstleistungsunternehmen.

12.4 Ausbildung on-the-job

Im Durchschnitt beziffern die Verantwortlichen den Anteil der praktischen Arbeit (on-the-job) mit 82 % (1996 noch 75 %). Der arithmetische Mittelwert wird von zwei Nennungen (30 % resp. 50 % on-the-job-Anteil) nach unten gezogen. Der Median liegt bei 85 %. Das heisst, bei der Hälfte der Unternehmen macht die praktische Arbeit 85 % oder mehr der gesamten Ausbildungszeit aus. Am häufigsten, bei 30 % aller Unternehmen, beläuft sich der on-the-job-Anteil sogar auf 90 %.

Die Trainees durchlaufen durchschnittlich 3 bis 4 Abteilungen (Mittelwert: 3,5). 9 Unternehmen bilden die Trainees nur in einem Ressort aus. Bei den Versicherungen werden die Trainees in weniger Abteilungen (2-3) ausgebildet. Über dem Gesamtdurchschnitt liegen die Handelsunternehmen, bei denen die Trainees im Mittel in fast 5 Abteilungen Erfahrungen sammeln.

12.5 Individualisierung und Internationalisierung

35 Unternehmen (83,3 %) vereinbaren einzelne Elemente ihres Ausbildungsprogramms mit den Trainees *individuell*. 6 Unternehmen (14,3 %) verneinen die entsprechende Frage. Ihre Programme sind somit als *völlig standardisiert* zu bezeichnen. Ein Betrieb (2,4 %) beantwortete diese Frage nicht. Alle Banken und Versicherungen vereinbaren zumindest *einzelne Programm-Elemente* mit den Trainees individuell. den anderen Branchen ist es die grosse Mehrheit (jeweils mindestens 70 %). Ein Unterschied in Bezug auf die Unternehmensgrösse ist nicht festzustellen.

Die Dauer des Ausbildungsprogramms wird in 21 Unternehmen (50 %) individuell vereinbart. In 20 Unternehmen (47,6 %) ist die Dauer *fix vorgegeben*. Ein Unternehmen (2,4 %) beantwortete diese Frage nicht. Bei der Betrachtung nach Wirtschaftszweigen fällt auf, dass bei nur 25 % der Versicherungsunternehmen die Dauer individuell vereinbart wird. Ansonsten entsprechen die Verhältnisse innerhalb der einzelnen Wirtschaftszweige weitgehend dem Gesamtverhältnis.

66,7 % der Unternehmen (28 Nennungen) sind der Meinung, dass die Internationalisierung auf ihr Programm eine Auswirkung habe.[4] So sind alle Versiche-

---

[4] Eine hohe, stark signifikante Korrelation weist der Einfluss der Internationalisierung mit der Unternehmensgrösse auf. Die bivariaten Masszahlen lauten $\gamma=0{,}868$, $r_s=0{,}668$ (stark signifikant).

rungsunternehmen und Industriebetriebe der Meinung, dass die Internationalisierung einen Einfluss auf das Programm hat. Bei den Handelsunternehmen dominiert ebenfalls diese Meinung (5 von 7 Unternehmen). Dieses Ergebnis deckt sich weitgehend mit der Auswertung nach den Niederlassungen ausserhalb der Schweiz. 36 Unternehmen besitzen Niederlassungen im Ausland, während 6 Unternehmen nur in der Schweiz tätig sind. Von den Unternehmen, die Niederlassungen im Ausland haben, sind 82,4 % der Meinung, dass sich die Internationalisierung auf das Programm auswirkt. Nur 17,6 % teilen diese Meinung nicht. Als häufigste Auswirkungen der Internationalisierung ergeben sich (Mehrfachnennungen) die *verstärkte Kooperation mit Abteilungen oder anderen Unternehmen im Ausland* (66,7 %), der *vermehrte Einbezug von Projekten mit Auslandsbezug* (52,4 %) und *ein Auslandseinsatz* (45,2 %).

Durch die Internationalisierung erhalten die Fremdsprachenkenntnisse eine sehr grosse Bedeutung (vgl. Tabelle 8). 73,8 % der Unternehmen sehen diese als eine wichtige Fähigkeit, die ein Hochschulabsolvent mitbringen muss. Über 50 % der Unternehmen sind der Meinung, dass die Anforderungen *Aufgeschlossenheit/Neugier*, geographische Mobilität, *kulturelle Sensibilität* (Toleranz) und *geistige Flexibilität* für die Selektion der Ausbildungsteilnehmer als Konsequenz der Internationalisierung wichtiger geworden sind.

26,8 % der Unternehmen entsenden alle Trainees ins Ausland. Bei 33,3 % wird diese Entscheidung individuell vereinbart. Rund ein Viertel sieht im gesamten Ausbildungsprogramm keine Auslandsaufenthalte vor.

73,1 % aller Trainees gehen während des Programms ins Ausland. Dies sind etwas weniger als in der letzten Untersuchung in der Schweiz von 1996 (75 %). Weit über dem Gesamtdurchschnitt liegen die Versicherungen. Sie entsenden 96,7 % ihrer Trainees ins Ausland, gefolgt von der Industrie (77,5 %). Deutlich unter dem Gesamtdurchschnitt liegen die Banken mit 50 % und die sonstigen Dienstleistungsunternehmen mit 65 %.

Konsequenzen der Internationalisierung auf das Anforderungsprofil	Anz. Nennungen	%
Fremdsprachenkenntnisse	31	73,8 %
Aufgeschlossenheit/Neugier	24	57,1 %
geographische Mobilität	22	52,4 %
kulturelle Sensibilität (Toleranz)	22	52,4 %
geistige Flexibilität	21	50,0 %
Auslandspraktika	13	31,0 %
Auslandssemester	11	26,2 %
Internationale Studiengänge	5	11,9 %

Tabelle 8: Konsequenzen der Internationalisierung auf das Anforderungsprofil von Hochschulabsolventen

Bei 70,8 % der Unternehmen, die Auslandsaufenthalte anbieten, ist ein einziger Auslandsaufenthalt vorgesehen. Zwei Aufenthalte bieten 16,7 % der Unternehmen an und 12,5 % der Unternehmen sehen sogar drei Aufenthalte vor. Am häufigsten finden Auslandsaufenthalte in Europa statt (50 %). 33,3 % der Unternehmen schicken ihre Trainees nach Nordamerika und 21,4 % nach Asien. Bei 7,1 % der Unternehmen sind die Auslandseinsätze weltweit verteilt.

12.6 Erfahrungen mit den Ausbildungsprogrammen

Für einen effizienten Programmablauf stehen den Unternehmen verschiedene organisatorische und personalpolitische Massnahmen bzw. Instrumente zur Verfügung. Die Qualität eines Ausbildungsprogramms hängt stark von diesen Instrumenten ab. Der wichtigste Einflussfaktor zur Unterstützung des Programms ist die *Eigeninitiative der Trainees*. Fast 90 % aller Unternehmen erachten dies als wichtig oder sehr wichtig (vgl. Tabelle 9). Es ist entscheidend, dass der Trainee Verantwortung für seine Ausbildung übernimmt und, durch seine aktive Mitarbeit bei der Programmgestaltung, den Ausbildungsablauf zu optimieren hilft. *Stellenbeschreibungen* oder *Konferenzen der Ausbildungsteilnehmer* werden als deutlich weniger wichtig erachtet.

Teil II: Empirische Studien 49

Einflussfaktoren zur Unterstützung des Programms	%	Bewertung
Eigeninitiative der Ausbildungsteilnehmer (N=25)	88,8 %	4,68
Feststehender Betreuerkreis in den Fachabteilungen (N=25)	80,0 %	4,12
Paten- bzw. Mentorensystem (N=25)	72,0 %	4,08
Regelmässige Mitarbeiterbeurteilung (N=25)	80,0 %	4,00
Regelmässige Befragung der Ausbildungsteilnehmer (N=25)	64,0 %	3,80
Ausbildungsprogramm-Beauftragter in der Personalabteilung (N=24)	54,2 %	3,58
Ablauf- und Organisationspläne (N=25)	40,0 %	3,24
Konferenzen der Ausbildungsteilnehmer (N=25)	40,0 %	3,12
Stellenbeschreibungen (N=25)	24,0 %	2,80

Tabelle 9: Einflussfaktoren zur Unterstützung des Ausbildungsprogramms für Hochschulabsolventen

In Übereinstimmung mit den bisherigen Erkenntnissen aus der Fachliteratur wird die *zeitliche Überlastung des jeweiligen Fachvorgesetzten* von den Programmverantwortlichen als ernst zu nehmendes Problem betrachtet. Umso wichtiger ist die *Eigeninitiative des Ausbildungsteilnehmers*. Er muss seine Ausbildung aktiv mitgestalten und eigene Vorschläge einbringen. Oft entspricht auch die Erwartungshaltung des Trainees nicht der Realität. Heutige Ausbildungsprogramme verlangen von den Teilnehmern Eigeninitiative und nicht nur das Einfordern von vorher festgelegten Programmbausteinen. Falsche Erwartungen und die bei Nichterfüllung resultierende Enttäuschung können zu Problemen während des Programms führen.

Probleme im Ablauf des Ausbildungsprogramms	%	Bewertung
Zeitliche Überlastung des jeweiligen Fachvorgesetzten (N=23)	60,9 %	3,52
Falsche Erwartungshaltung der Ausbildungsteilnehmer (N=23)	34,8 %	2,74
Finden von geeigneten Projektaufgaben (N=23)	30,4 %	2,70
Unterschiedliche Auffassung über Ausbildungsinhalte und mangelnde Kooperationsbereitschaft zwischen Fachvorgesetzten und dem Programmverantwortlichen (N=23)	17,4 %	2,43
Informationsflut, die auf den Ausbildungsteilnehmer zukommt (N=23)	13,0 %	2,39
Unterschiedliche Auffassung über Ausbildungsinhalte und mangelnde Kooperationsbereitschaft zwischen Trainees und Fachvorgesetzten (N=23)	17,4 %	2,26
Interne Abwerbung der Teilnehmer im Sinne einer vorzeitigen Programmbeendigung (N=23)	13,0 %	2,17
Konkurrenz der Trainees mit übrigen Mitarbeitern (N=23)	4,3 %	2,00
Konkurrenz der Trainees untereinander (N=23)	4,3 %	1,70

Tabelle 10: Probleme im Ablauf des Ausbildungsprogramms für Hochschulabsolventen

Auffallend ist, dass alle Problemursachen eher tief bewertet wurden (vgl. Tabelle 10). Dies konnte auch in den Referenz-Studien beobachtet werden. Probleme werden möglicherweise von den (hier antwortenden) Programmverantwortlichen nicht gerne kommuniziert, um dem Firmenimage nicht zu schaden.

12.7 Zuständigkeiten und Beurteilung von Ausbildungsteilnehmern

Für die Betreuung der Ausbildungsteilnehmer ist am häufigsten (11 Unternehmen) der *direkte Linienvorgesetzte* zuständig. Bei 10 Unternehmen teilt sich diese Aufgabe der *Linienvorgesetzte und die Personalabteilung*. In 8 Unternehmen liegt die Zuständigkeit für die Betreuung voll und ganz bei der *Personalabteilung*, in 3 weiteren (grösseren) Unternehmen bei der PE-Abteilung.

Die Ausbildungsinhalte werden in 11 Unternehmen *gemeinsam* von der Linie und der Personalabteilung ausgearbeitet und festgelegt. Dies dürfte vor allem bei ressortübergreifenden Programmen der Fall sein. Nur durch eine Zusammenarbeit zwischen Fachbereich und Personalabteilung können sowohl die fachlichen Ausbildungsinhalte erreicht als auch die Koordination zwischen den einzelnen Ausbildungsstationen optimiert werden. In 7 Unternehmen legen die jeweiligen *Fachbereiche* (Linie) die Inhalte selbstständig fest.

Die fachliche Betreuung kann sinnvoll durch Mitarbeiter der jeweiligen Fachabteilungen übernommen werden. Nur sie weisen die dazu nötige Fachkompetenz auf. Diese Überlegung wird durch die Antworten bestätigt. Bei 21 Unternehmen übernimmt diese Rolle der *direkte Linienvorgesetzte*, bei 5 Unternehmen der *Abteilungsleiter*. Fünf Unternehmen setzen dazu einen *Coach/Mentor* ein. Zwei auf Projektarbeit ausgerichtete Unternehmen nennen den *Projektleiter* als fachlichen Vorgesetzten.

Mit einer regelmässigen Beurteilung erhält der Ausbildungsteilnehmer ein Feedback über seinen Leistungsstand und seine Persönlichkeitsentwicklung. Gleichzeitig stellt sie für den Programmverantwortlichen ein wichtiges Informationselement dar, um Fehlentwicklungen frühzeitig erkennen und korrigieren zu können sowie die individuelle Trainee-Ausbildung zu optimieren. Bei 21 Unternehmen werden die Programmteilnehmer durch den *direkten Linienvorgesetzten* beurteilt. 8 Unternehmen setzen den *Coach/Mentor* für die Beurteilung ein. Bei 6 Unternehmen ist neben dem *Linienvorgesetzten* auch die *Personalabteilung* an der Beurteilung beteiligt.

Genau die Hälfte (21 Unternehmen) beurteilt ihre Trainees *nach jeder Ausbildungsphase*. Ein Drittel (14 Unternehmen) setzt die Beurteilungen in *regelmässigen Zeitabständen* an. Bei je 4 Unternehmen bedeutet dies einmal resp. zweimal im Jahr. 19 % (8 Unternehmen) organisieren die Beurteilungszeitpunkte und -häufigkeiten *individuell*, je nach Programmablauf und Leistung des Trainees. 38,1 % (16 Unternehmen)[5] beurteilen ihre Trainees zusätzlich nach der Probezeit. Das ist genau die Hälfte derjenigen Unternehmen, welche die Trainees mit einer Probezeit einstellen.

Die grosse Mehrheit der Unternehmen (83,3 %) reagiert auf die Beurteilung mit *individuellen Entwicklungsmassnahmen*. Die erkannten individuellen Schwächen jedes einzelnen Trainees sollen mit geeigneten Massnahmen reduziert werden. 40,5 % der Unternehmen schlagen den Ausbildungsteilnehmern zudem *verbindliche Verhaltensänderungen* vor.

12.8 Erkenntnisse im Vergleich zu früheren Erhebungen

Ein Vergleich der Resultate dieser aktuellen Erhebung mit den Ergebnissen vorangegangener Untersuchungen lässt insbesondere folgende Feststellungen zu:

- In der Schweiz waren 1996 die Banken die klar dominierenden Ausbildungsprogramm-Anbieter. Inzwischen haben die Banken 26 Prozentpunkte verloren und sind zusammen mit Handel und Verkehr nur noch die dritthäufigsten Anbieter. Die Angebote der Unternehmen aus der (sonstigen) Dienstleistungsbranche, der Industrie und dem Handel haben alle stark zugenommen.

- Seit der letzten Studie ist eine markante Zunahme der Ausbildungsplätze zu verzeichnen. 1996 wurden in der Schweiz nur 453 Plätze angeboten – im Jahre 2002 waren es 1'181 Plätze.

- Die Tendenz zur Verkürzung der Programme hält nach wie vor an, hat sich aber verlangsamt. Gegenüber 1996 ist die durchschnittliche Programmdauer um gut einen Monat kürzer geworden (1996: 17,5 Monate, 2002: 16,4 Monate). 1992 hatte der entsprechende Wert sogar noch 19,2 Monate betragen.

---

[5] Es waren Mehrfachnennungen möglich, so dass die Anzahl Nennungen über 100 % liegen.

- Im Vergleich zur Studie von 1996 kann ein Trend zur Individualisierung der Ausbildungsprogramme, sowohl hinsichtlich des Ablaufs als auch für den Inhalt festgestellt werden. Die Gelegenheit zur Individualisierung des Ablaufs stieg um 11 Prozentpunkte von 36 % auf 47 %. Die Möglichkeit zur Individualisierung des Inhalts nahm um 7 Prozentpunkte von 36 % auf 43 % zu.

- Die Tendenz zu mehr Projektarbeit bleibt bestehen. Der Anteil der Unternehmen, bei denen sich ein Teil des Ausbildungsprogramms in Form von Mitarbeit an Projekten vollzieht, stieg leicht von 68 % auf 71 %.

- Innerhalb von 6 Jahren hat sich das Internet nach den Recruiting-Veranstaltungen zum wichtigsten Instrument der Absolventengewinnung entwickelt und ist heute für diesen Zweck nicht mehr wegzudenken.

- Im Durchschnitt geben die Verantwortlichen an, dass rund 44 % der Stellen für Führungskräfte in ihrem Unternehmen durch ehemalige Trainees besetzt sind. In der Studie von 1996 lag dieser Wert bei nur 32 %. Daraus lässt sich schliessen, dass die Ausbildungsprogramme der hier untersuchten Art für eine erfolgreiche Führungskarriere an Bedeutung gewonnen haben.

- Die Löhne liegen um rund sFr. 10'000.- höher als im Jahre 1996. Die Lohnkosten für die Trainees sind somit gegenüber 1996 mit rund 15 % deutlich stärker gestiegen als die von den Verantwortlichen bezifferten gesamten effektiven Kosten der Ausbildungsprogramme.

Aus dem Vergleich zur letzten Erhebung in Deutschland (2001) ergeben sich folgende Erkenntnisse:

- Die Trainee-Programme in der Schweiz dauern mit 16,4 Monaten im Durchschnitt länger als diejenigen in Deutschland (14,2 Monate).

- Die Programme in Deutschland sind nicht ganz so stark auf die praktische Arbeit ausgerichtet wie diejenigen in der Schweiz. Bei 69 % der deutschen Unternehmen dominiert die praktische Arbeit (Schweiz: 83 %).

- Die Programme in der Schweiz werden stärker individualisiert als diejenigen in Deutschland. In Deutschland werden die Programme hinsichtlich des Ablaufs nur von 28 % der Unternehmen individuell angeboten (Schweiz: 47 %). Hinsichtlich des Inhalts bieten in Deutschland 34 % der

Unternehmen die Möglichkeit zu individuellen Lösungen (Schweiz: 43 %).

- In unserem nördlichen Nachbarland vollzieht sich in 86 % der Unternehmen zumindest ein Teil des Ausbildungsprogramms in Form von Mitarbeit an Projekten. In der Schweiz ist dies nur in 71 % der Unternehmen der Fall.

- Im Vergleich zu Deutschland setzen Schweizer Unternehmen bei der Absolventengewinnung stärker auf das Internet. In Deutschland verwenden 85 % der befragten Unternehmen das Internet für die Absolventengewinnung. In der Schweiz sind es 95 % der Programm-Anbieter.

Da die Vorteile der Individualisierung höher als deren Nachteile bewertet werden, nehmen wir an, dass die Programme in Zukunft noch stärker auf die individuellen Bedürfnisse der Trainees ausgerichtet sein könnten, was auch der Kundenorientierung im Personalmanagement entspricht. Die Entwicklung wird sich aber weiter verlangsamen, da schon ein hohes Mass an Individualisierung erreicht ist. Trotz der zunehmenden Individualisierung dürften die angebotenen Ausbildungsprogramme auch in Zukunft gemeinsame Merkmale von Trainee-Programmen aufweisen, wobei das klassische, ressortübergreifende Trainee-Programm zu Gunsten der projektorientierten Programmgestaltung weiter an Bedeutung verlieren könnte.

13 Die betriebliche Karriereplanung

Im November 1999 befragte das Institut für Organisation und Personal (IOP) der Universität rund 670 Schweizer Unternehmen der Dienstleistungsbranche zu ihrer betrieblichen Karriereplanung (vgl. Friedli, Vera 2002). Die Rücklaufquote betrug 26,6 % bzw. 178 auswertbare Fragebogen. Im Weiteren folgen ausgewählte Resultate dieser quantitativen Befragung.

13.1 Bezugsgruppen und Ziele der betrieblichen Karriereplanung

Die Anwendung der betrieblichen Karriereplanung und ihre begleitenden personalwirtschaftlichen Massnahmen finden in den befragten Unternehmen auf allen als Antwortmöglichkeit vorgegebenen hierarchischen Stufen statt. Am häufigsten werden jedoch die Stufen des mittleren Kaders (68,0 %) und der Nachwuchsführungskräfte (61,8 %) genannt. Vergleichsweise selten erwähnt wurde die Ebene des Top-Kaders (19,7 %). Es scheint, dass dieses Thema auf der obersten Stufe der Führungskarriere seine Vordringlichkeit erheblich einbüsst. Tabelle 11 gibt einen Überblick über die Resultate.

Bezugsgruppen	Anzahl Nennungen	
	absolut	prozentual zu N=178
Nachwuchsführungskräfte	110	61,8 %
unteres Kader	99	55,6 %
mittleres Kader	121	68,0 %
oberes Kader	82	46,1 %
Top-Kader	35	19,7 %
andere	13	7,3 %

Tabelle 11: Bezugsgruppen der betrieblichen Karriereplanung[6]

Analog der Einteilung in der Fachliteratur wurde in dieser Studie unterschieden zwischen unternehmens- und mitarbeiterbezogenen Zielen der Karriereplanung. Bei der vorliegenden Analyse wurde die Gewichtung der Ziele anhand einer fünfstufigen Skala[7] ermittelt und nach der Berechnung des arithmetischen Mittels miteinander verglichen.

13.1.1 Die unternehmensbezogenen Ziele der Karriereplanung

Bei den unternehmensbezogenen Zielen der Karriereplanung attestieren die befragten Unternehmen der *Gewinnung von Führungsnachwuchs aus den eigenen Reihen* (Mittelwert (MW) 1,71) sowie der *Steigerung der individuellen Leistungsentfaltung* (MW 1,78) die grösste Bedeutung. Während das erstgenannte Ziel jedoch in einem gewissen logischen Widerspruch zur Antwort steht, dass nicht in erster Linie ein Führungskräfte-Reservoir (MW 2,74) gebildet werden soll, weist das zweite auf eine mitarbeiterorientierte Führung hin. Ebenfalls hoch eingestuft wird die Kategorie ‚andere' (MW 2,00). Darunter fallen insbesondere Nennungen zur Transparenz für die Geschäftsleitung oder die Transparenz der Karrieremöglichkeiten im Allgemeinen. Diese durchschnittliche Einschätzung ist aufgrund des hohen Streuungsmasses (SW 1,47) mit Vorsicht zu werten.

---

[6] Mehrfachnennungen möglich, prozentual zu N=178 berechnet.
[7] Die im Fragebogen verwendete fünfstufige Skala bildet ein Kontinuum von 1 (sehr wichtig) bis 5 (nicht relevant). Im Fragebogen wurde auf eine verbale Beschreibung der Zwischenstufen verzichtet. Deshalb wurden diese nur numerisch dargestellt.

Als relativ unbedeutend werden der Kostenaspekt (MW 2,72) im Bereich des Personals und die Erhöhung des Akquisitionspotenzials auf dem Arbeitsmarkt (MW 2,97) eingestuft.

Abbildung 14 fasst die wichtigsten unternehmensbezogenen Ziele der Karriereplanung zusammen.

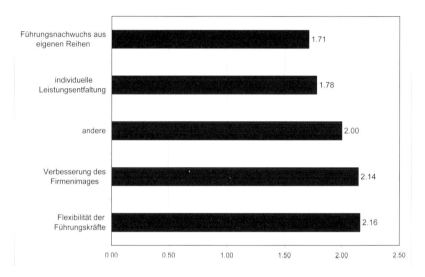

Abbildung 14: Die wichtigsten unternehmensbezogenen Ziele der Karriereplanung

13.1.2 Die mitarbeiterbezogenen Ziele der Karriereplanung

Die zwei mitarbeiterbezogenen Ziele *Zufriedenheit der Mitarbeiter* (MW 1,37) und *Identifikation mit dem Unternehmen* (MW 1,58) werden mit grosser Bedeutung in Verbindung gebracht. Da ihre Standardabweichungen zudem relativ gering sind, handelt es sich um aussagekräftige Daten.

Sehr ähnlich eingestuft – die Mittelwerte liegen eng beieinander – werden die restlichen vier Ziele: *Transparenz in der Beförderungspolitik* (MW 2,53), *Verminderung von Konflikten* (MW 2,58) sowie die *Erhöhung des Arbeitsmarktwertes* der Mitarbeiter (MW 2,69). Sie gelten vergleichsweise als eher unwichtig.

Die befragten Unternehmen sind also grundsätzlich stärker daran interessiert, ein qualifiziertes Mitarbeiterpotenzial für sich selbst zu sichern und etwas weniger für den Arbeitsmarkt im Allgemeinen. Deshalb streben sie auch in erster Linie das Ziel der *Mitarbeiterzufriedenheit* an, während die *Erhöhung des Arbeitsmarktwertes* wesentlich weniger bedeutend ist. Abbildung 15 fasst die Resultate bildlich zusammen.

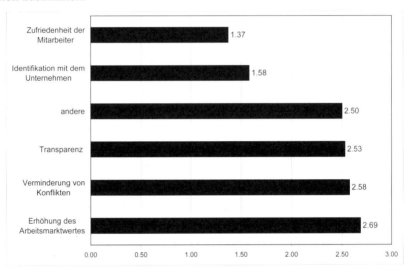

Abbildung 15: Mitarbeiterbezogene Ziele der Karriereplanung

13.2 Karrieremodelle und -pfade

Standardkarrieremodelle können grundsätzlich sowohl für das Gesamtunternehmen als auch innerhalb von einzelnen Funktions- bzw. Fachbereichen bestehen. Fast die Hälfte der antwortenden Unternehmen (47,2 %) verfügt über Karrieremodelle, welche individuell angepasst und gestaltet werden können. Nur bei einem Viertel der Unternehmen (25,8 %) sind Standardkarrieremodelle vorhanden.

In vielen Unternehmen bestehen heute individuelle und standardisierte Modelle *nebeneinander*. Laut Angaben aus den Fragebogen stehen diese in einem durchschnittlichen *Verhältnis von 70:30* zueinander.

Bei traditionellen Modellen stehen grundsätzlich Aufwärtsbewegungen im Vordergrund. Neue Modelle – auch bedingt durch Veränderungen in Organisation und Umwelt – verlangen von den Unternehmen bzw. von den Mitarbeitern, sich vermehrt mit Abwärtsbewegungen auseinander zu setzen. In einer weiteren Frage wurden die Unternehmen auch nach möglichen Abwärtsbewegungen innerhalb ihrer Karrieremodelle befragt. Nur etwas mehr als 60 % der Unternehmen beantworteten diese Frage. Dies lässt aber dennoch eine Tendenzaussage zu: *25,8 %* dieser Unternehmen berücksichtigen diese Bewegungsrichtung in ihren Karrieremodellen, während sie in *36,0 %* der Firmen *keine Beachtung* findet. Der Einschluss einer Abwärtsbewegung scheint auch heute noch weitgehend unbeliebt zu sein; Karriere bedeutet für die Mehrheit im Wesentlichen eine Bewegung aufwärts oder zur Seite.

13.2.1 Fach- und Projektkarriere

Im Abschnitt der besonderen Modelle der Fach- und Projektkarriere interessierte insbesondere deren Anwendungshäufigkeit in den befragten Betrieben. Das Modell der Führungskarriere wurde dabei nicht explizit abgefragt.

Dass zusätzlich zur Führungskarriere die *Projektkarriere* alleine eingeführt wurde, ist sehr selten *(0,6 %)*, der Schwerpunkt wird eindeutig auf die *Fachkarriere (21,3 %)* gelegt. 15,7 % aller Befragten bieten neben der traditionellen Karriere sowohl die *Fach- als auch die Projektkarriere* an. Ein relativ hoher Prozentsatz *(28,7 %)* gibt an, weder das eine noch das andere Modell zusätzlich eingeführt zu haben. Von diesen 51 Unternehmen gedenken immerhin *45,0 %,* dies in den nächsten zwei bis drei Jahren zu tun. Der Rücklauf umfasst viele kleinere und mittlere Unternehmen, welche oft aufgrund ihrer Organisationsgrösse keine solchen Karrieresysteme anwenden.

Mittels einer Kreuztabelle wurde analysiert, ob bei den befragten Unternehmen die *Einführung neuer Karrieremodelle* im Zusammenhang mit der *Anzahl Hierarchieebenen* steht. Die Kreuztabelle lässt keinen Zusammenhang erkennen. Die Existenz von Fach- und Projektkarrieren ist somit nicht von der Anzahl der Hierarchieebenen abhängig. Dieses Ergebnis steht im Widerspruch zu den Aussagen verschiedener Autoren, welche bei geringer Anzahl von Hierarchieebenen den Ursprung der Existenz zusätzlicher Karrieremodelle orten.

13.2.2 Ziele der Fachkarriere

Die Fachkarriere soll in erster Linie *eine wirksame Anreiz- und Belohnungsfunktion (MW 2,05)* erfüllen sowie die *individuellen Zielvorstellungen (2,07)* berücksichtigen. Somit zeigt sich hier eine starke Orientierung der Unternehmen an ihren Mitarbeitern. Die Mittelwerte der weiteren Ziele – z. B. *zusätzliche Auf-*

stiegschancen, Potenzialerkennung u. a. – sind sich recht ähnlich (zwischen *2,21* und *2,78*); sie werden alle als eher wichtig eingestuft.

13.2.3 Die Ziele der Projektkarriere

Die *Potenzialerkennung (reales Assessment) (MW 1,90)* gilt als wichtigstes Ziel der Projektkarriere. Gleichbedeutend für die Projektkarriere sind schliesslich die zwei wichtigsten Ziele der Fachkarriere, nämlich die *Berücksichtigung individueller Zielvorstellungen (MW 2,11)* und die *Anreiz- und Belohnungsfunktion (MW 2,11)*.

Mit Ausnahme der *Potenzialerkennungsfunktion* stimmen die Einschätzungen der Ziele für beide Karrierereformen weitgehend überein. Es erstaunt, dass die flexible Entgeltfindung eine vergleichsweise geringe Bedeutung hat.

13.2.4 Argumente für die Einführung von Fach- und Projektkarrieren

Die Argumente, welche *für* die Einführung von Fach-/Projektkarriere resp. von anderen Karrieremodellen sprechen, sind geprägt durch eine sehr mitarbeiterorientierte Sichtweise. Wichtige *Fachkräfte (MW 1,48)* sollen dem Unternehmen nicht nur *erhalten* bleiben, sondern ihre *Leistungsbereitschaft (MW 1,42)* – eigentlich die Bereitschaft aller Arbeitnehmer – soll sogar gesteigert werden. Des weiteren möchte eine Firma selbst als *attraktive Arbeitgeberin (MW 2,24)* auf dem Arbeitsmarkt gelten und ihren Mitarbeitern *attraktive Arbeitsbedingungen (MW 1,99)* bieten können.

Erstaunlich tief eingestuft werden der *Abbau von Hierarchieebenen (MW 2,87)* sowie der *Wertewandel in der Gesellschaft (MW 2,91)*. Die Analyse verschiedener Fachartikel liess eigentlich eine andere Antwort erwarten (vgl. z. B. Fuchs, Jürgen 1998; Brasse, Claudia 1998 oder Gaugler, Eduard 1989). Karrieremodelle werden nicht in erster Linie mit dem Ziel der *Frauenförderung* (MW 3,49) eingesetzt. Noch unbedeutender ist der *Erfolg der Konkurrenz* (MW 3,77) mit diesen Karrierekonzepten.

13.3 Personalwirtschaftliche Begleitmassnahmen

Aus Sicht der befragten Personalleiter werden im Unternehmen die Karrieremodelle nur teilweise transparent dargestellt. So ordneten auf der Skala 1-5 (1=völlig bis 5=gar nicht transparent) immerhin 11,4 % eine *vier* und 6,3 % gar eine *fünf* zu. Nur gerade 12,6 % betrachteten in ihrem Unternehmen die abgegebenen Informationen zur Karriereplanung als ausreichend.

Teil II: Empirische Studien 59

Zur Informationsübertragung werden verschiedene Kanäle benutzt, allen voran das Mitarbeitergespräch (93,8 %). Abbildung 16 zeigt die genannten Instrumente in der Übersicht.

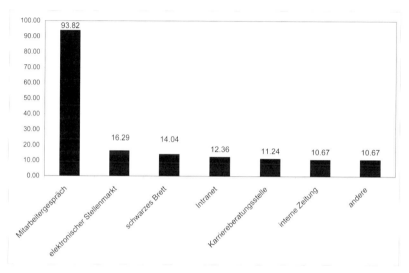

Abbildung 16: Instrumente für die Information über Karrieremöglichkeiten (in %)

Nur 10,7 % der befragten Unternehmen gaben an, über eine vollständige Dokumentation der in ihrem Unternehmen möglichen Karrierewege zu verfügen. Über die Hälfte der antwortenden Unternehmen erarbeitet *keine* Dokumentation, was mit ein Grund für die recht niedrig eingeschätzte Transparenz der Karrieresysteme sein dürfte.

Die Ergebnisse der Kreuztabelle sind nicht signifikant, d. h. die befragten Unternehmen messen der Verminderung von Konflikten zwar generell grosse Bedeutung bei, vernachlässigten aber bisher die vielfach klärende Dokumentation der Karrierewege. Durch eine gezielte Dokumentation der Karrierewege könnten viele Konflikte im Bereich der Beförderungspolitik gemindert werden.

Ähnlich aufschlussreich war eine weitere Analyse des *Dokumentationsstandes* der Unternehmen im Zusammenhang mit dem mitarbeiterbezogenen Ziel der *Verbesserung der Transparenz*. Will man in der Beförderungspolitik Transparenz schaffen, liegt es nahe, über die vorhandenen Karrierewege Dokumentationen zu erstellen und den Mitarbeitern zugänglich zu machen. Die Analyse ergibt aber nur eine geringe signifikante Korrelation. Von den 25 Unternehmen, welche der Transparenz höchste Priorität einräumen, verfügen nur deren neun über eine vollständige Dokumentation der Karrierepfade im Unternehmen. Acht Unternehmen haben doch wenigstens eine teilweise Dokumentation vorzuweisen. Diese Verteilung zeigt eine inkonsequente Handhabung der Dokumentationen bei den Befragten.

Die Analyse des Zusammenhanges der *Dokumentation der Karrierewege* mit der *Unternehmensgrösse* ergibt nur eine geringe signifikante Korrelation (Masszahlen: r_s: 0,163; γ: 0,243; r ist signifikant). Unabhängig von der Unternehmensgrösse besteht ein grosser Nachholbedarf bei der Verbesserung der Dokumentation über mögliche Karrierewege.

13.4 Das Karrieregespräch

Eine weitere Frage betraf die Inhalte der Karrieregespräche und deren Gewichtung. Immerhin 30,3 % der befragten Unternehmen gaben an, kein explizites Karrieregespräch durchzuführen. Am höchsten eingestuft wurden zwei Funktionen:

- Erforschen der subjektiven Vorstellungen, Neigungen, Interessen und Wünsche des Mitarbeitenden hinsichtlich seiner betrieblichen Karriere (MW 1,58).

- Beratung des Mitarbeitenden bezüglich seiner Entwicklungsmöglichkeiten unter Berücksichtigung seiner bisher gezeigten Leistungen und seines Potenzials (MW 1,58).

13.5 Interne Weiterbildung

Bei *88,2 %* der antwortenden Unternehmen erfolgt die interne Weiterbildung *on-the-job*. Unterstützt wird diese dabei meist durch (interne) *fachspezifische Kurse (75,8 %)* und *Seminare (67,4 %)*. Ebenfalls wichtig sind *allgemeine Führungstrainings*; *55,1 %* der Befragten führen solche durch. Eine nur relativ geringe Rolle spielen bei den antwortenden Unternehmen *Trainee-Programme (21,3 %)*. Dies kann aber darauf zurückgeführt werden, dass diese nicht in allen Organisationen bestehen (siehe die schweizerische Grundgesamtheit in der Trainee-Programm-Studie) und stark von der Unternehmensgrösse abhängig sind. Ausserdem betreffen sie fast ausschliesslich die Personengruppe der Hochschulabsolventen. Nach dem absolvierten Trainee-Programm haben sich die Hochschulabsolventen mit anderen Formen der betrieblichen Weiterbildung auseinander zu setzen. Abbildung 17 zeigt das Gesamtangebot im Überblick.

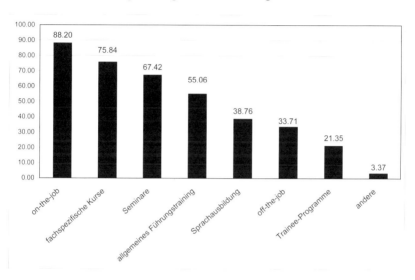

Abbildung 17: Interne Weiterbildung (in %)[8]

14 Zwischenfazit zur Förderung von Hochschulabsolventen

Exklusive Mitarbeitergruppen benötigen auch eine exklusive Förderung. Das Trainee-Programm ist ein Einstiegsprogramm, welches auf die Stärken und Schwächen der Hochschulabsolventen ausgerichtet werden kann und diese so effizienter in die Praxis einführt. Die Ausgestaltung eines entsprechenden Programms benötigt auf Seiten der Arbeitgeber eine gut durchdachte Konzeption und eine Abstimmung auf die unternehmenseigenen Bedürfnisse bezüglich Informationen, Arbeitseinsätzen u. a. In der Regel gilt das erfolgreiche Absolvieren eines Trainee-Programms als Einstieg in die Führungskarriere. Mit der zunehmenden Ausrichtung der Programme auf Projekteinsätze könnte es in Zukunft auch der Einstieg in eine Projektkarriere sein. Die Karrierepfade haben sich in letzter Zeit in vielen Unternehmen geändert. Der Abbau von Hierarchien

---

[8] Es waren Mehrfachnennungen möglich, prozentual zu N=178 berechnet.

oder gar ganzen Abteilungen verringert auch die Anzahl der Führungspositionen.

Noch werden die Projekt- und Fachkarriere ungleich weniger nachgefragt als die Führungskarriere, doch bestehen in immer mehr Unternehmen valable Konzepte alternativer Karrieren mit angemessenen Durchlässigkeitsbestimmungen. Differenzierte Trainee-Programme am Anfang der Karriere korrespondieren gut mit den späteren vielfältigen Karrierepfaden in vielen Unternehmen.

Die befragten Unternehmen könnten noch durchaus ihre Bemühungen um eine Dokumentation der Karrierewege intensivieren. Die Erhöhung der Transparenz über Entwicklungsmöglichkeiten dürfte sich als sehr vorteilhaft erweisen, wenn es darum geht, gut eingeführte und unternehmensgerecht weitergebildete Hochschulabsolventen dem Arbeitgeber für weitere Abschnitte ihrer Berufskarriere zu erhalten.

C) Erhaltung von Hochschulabsolventen bzw. High Potentials

15 Retention-Management

In der Studie zum ‚Retention-Management' untersuchten die Autoren[9] die Frage nach der Motivation von High Potentials. Im Vordergrund standen die Faktoren, welche High Potentials an ein Unternehmen ‚binden' bzw. High Potentials motivieren, im Unternehmen zu verbleiben (vgl. Thom, Norbert/Friedli, Vera 2002 sowie Moser, Regine/Saxer Andrea 2002). In der empirischen Untersuchung, an der sich über 500 High Potentials zweier Unternehmen beteiligten, konnten einige der seit längerem in der Fachliteratur vermuteten Zusammenhänge nun auch empirisch belegt werden. Befragt wurden ein Produktionsunternehmen der Chemiebranche (Unternehmen A, N=214, Rücklaufquote =59,94 %) und ein Dienstleistungsunternehmen im Finanzbereich mit Hauptsitz in der Schweiz (Unternehmen B, N=321, Rücklaufquote =73,79 %).

15.1 Ausgewählte Ergebnisse aus den beiden Fallunternehmen

Tabelle 12 zeigt die aus Sicht der High Potentials besonders motivierenden Elemente ihrer Aufgaben auf.

	MW (Unt. A)	MW (Unt. B)
Kompetenz zur Ausführung der Arbeit	1,32	1,28
Abwechslungsreiche Tätigkeit	1,39	1,47
Sinnvolle Tätigkeit	1,40	1,60
Bedeutung für das Unternehmen	1,62	1,70
Einsatz gemäss Qualifikation	1,72	1,70
Genügend Handlungsspielraum	1,57	1,94

Tabelle 12: Charakteristika der Aufgabe für High Potentials[10]

---

[9] Diese Studie wurde gefördert von der Challenge-Stiftung der DBM-Gruppe (Genf).
[10] Bewertungsskala: 1=sehr wichtig bzw. ausgeprägt vorhanden bis 5=völlig unwichtig bzw. im Unternehmen nicht vorhanden. MW steht für den arithmetischen Mittelwert. Dies gilt nachfolgend für alle Abbildungen und Tabellen aus dieser Studie.

Um diese Aussagen zu vertiefen, wurden in einem weiteren Schritt die Faktoren erfragt, welche den High Potentials bei der Wahl der Arbeitsstelle wichtig sind. Anschliessend wurden diese Faktoren auf ihre Ausprägungen im Unternehmen hin überprüft. Aus Tabelle 13 ist sehr gut erkennbar, dass der Inhalt der Tätigkeit, also die Aufgabe an sich, der entscheidende Faktor bei der Wahl der Arbeitsstelle ist.

Wichtigkeit	MW (Unt. A)	MW (Unt. B)
Tätigkeit/Aufgabe	1,15	1,18
Vorgesetzte	1,79	1,58
Kollegen	1,83	1,76
Gehalt	1,88	1,82
Unternehmenskultur	1,94	1,84
Interne Kommunikation	1,97	1,86
Image	2,59	1,99
Aus- und Weiterbildung	1,99	2,00
Arbeitsplatzsicherheit	2,23	2,26
Arbeitsform	2,31	2,52
Arbeitsort und -weg	2,65	2,57
Arbeitszeit	2,41	3,21

Tabelle 13: Wichtigkeit der Faktoren bei der Wahl einer Arbeitsstelle (Unternehmen A und B)

Die High Potentials erhielten zusätzlich Fragen zur Bewertung der Wichtigkeit dieser Faktoren für sie persönlich. Sie wurden auch nach deren Erfüllung im Unternehmen befragt. Abbildung 18 gibt exemplarisch die Unterschiede zwischen ‚Wunsch' (Wichtigkeit) und ‚Realität' (Erfüllung) aus Sicht der High Potentials aus Unternehmen B wieder. Aus einer solchen Gegenüberstellung können Personalverantwortliche der jeweiligen Unternehmen sowie Vorgesetzte von High Potentials erkennen, wo die Differenzen so gross werden, dass ein weiteres Engagement der High Potentials für den aktuellen Arbeitgeber gefährdet erscheint.

Teil II: Empirische Studien

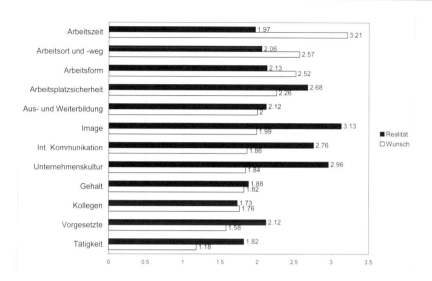

Abbildung 18: Gegenüberstellung Wunsch und Realität (Unternehmen B)

Aus der Gegenüberstellung von ‚Wunsch' und ‚Realität' ist ersichtlich, dass insbesondere bei den Items *Unternehmenskultur, interne Kommunikation* oder *Image* noch deutlicher Handlungsbedarf vorhanden ist. Umgekehrt werden die Faktoren *Arbeitszeit, Arbeitsort und -weg* sowie *Arbeitsform* durch Unternehmen B sogar besser erfüllt als von den High Potentials gewünscht bzw. als ‚wichtig' eingestuft.

Fragt man die High Potentials, welche Aspekte ihrer Meinung nach „sehr wichtig" oder „wichtig" sind, um aufzusteigen oder sich weiter entwickeln zu können, zeigt sich folgendes Bild (vgl. Abbildung 19), das zugleich erhebliche Unterschiede im Wertsystem der hier befragten Unternehmen zum Ausdruck bringt. Die deutlichsten Unterschiede zeigen sich bei den Aspekten *Seniorität, Auslandsaufenthalte vorweisen, kritisch sein* und *viel arbeiten*. Karriereplanung und Unternehmenskulturen stehen in einem engen Zusammenhang.

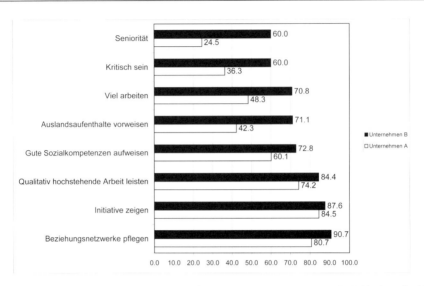

Abbildung 19: Wichtige Aspekte bzgl. Aufstiegs- und Entwicklungsmöglichkeiten (in %)

In einer weiteren Frage wurden die Bewertungen der Kommunikations- und Informationsprozesse näher betrachtet (vgl. Abbildung 20).

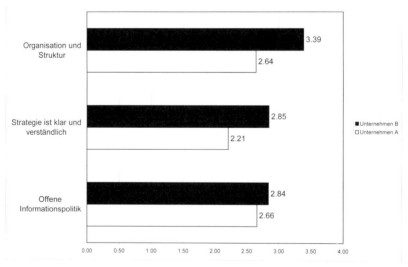

Abbildung 20: Kommunikations- und Informationspolitik (Unternehmen A und B)

Die Items wurden alle vergleichsweise schlecht bewertet. Beide Unternehmen haben Verbesserungsbedarf. Zusätzlich sind auch deutliche Unterschiede zwischen den Unternehmen erkennbar. Die Kommunikations- und Informationsprozesse des Unternehmens B werden von den Befragten mit mittelmässigen bis deutlich unterdurchschnittlichen Werten eingestuft. Zudem waren nur 27,9 % der Befragten der Meinung, dass Unternehmen B und dessen Führung klare Visionen für die Zukunft des Unternehmens haben. Dass erfolgreiche Strategien zur Realisierung dieser Vision entwickelt werden und dann zur Umsetzung motivieren, davon waren nur gerade 16,5 % der High Potentials zum Befragungszeitpunkt überzeugt. Falls dieser Zustand nicht geändert werden kann, könnten sich dadurch Konsequenzen für die Verweildauer der High Potentials im Unternehmen B ergeben. Zum Befragungszeitpunkt befand sich Unternehmen B in einer Krise, die im Jahr danach teilweise überwunden werden konnte.

15.2 Vergleich der beiden Fallstudien

Die High Potentials *beider Unternehmen* stuften völlig unabhängig voneinander den Arbeitsinhalt als ausschlaggebenden Faktor bei der Wahl ihrer Arbeitsstelle ein. Auf Platz zwei und drei der Prioritätenliste wurden das Verhältnis zum Vorgesetzten und zu den Kollegen genannt. Weniger wichtig scheinen das Gehalt und andere materielle Anreize zu sein. Eher negativ äusserten sich die Befragten in beiden Unternehmen in Bezug auf die interne Kommunikation und Information. Es besteht somit Handlungsbedarf hinsichtlich der Transparenz auf diesem Gebiet.

Ein erster Unterschied zeigte sich bereits in der Frage, auf welche Anreize High Potentials sensibel reagieren und welche Anreize ihren Bedürfnissen entsprechen. Sind es im Unternehmen A die immateriellen Anreize, so besteht im Unternehmen B zusätzlich ein signifikanter Zusammenhang zwischen den High Potentials und den sozialen sowie den materiellen Anreizen. Die weiteren Unterschiede sind in der nachfolgenden Tabelle 14 dargestellt. Für statistische Belege zu den gemachten Aussagen seien die interessierten Leser auf den Arbeitsbericht der Autoren (Thom, Norbert/Friedli, Vera 2002) verwiesen. Die Unterschiede zwischen den beiden Unternehmen untermauern zugleich den Grundsatz, dass sich jedes Unternehmen ein massgeschneidertes Instrumentarium zur Erhaltung seiner High Potentials erarbeiten muss.

Firma Unterschiede	Unternehmen A	Unternehmen B
Zusammenhang zwischen High Potentials und Anreizen:	High Potentials reagieren sensibel auf immaterielle Anreize.	Alle drei (materielle, immaterielle und soziale) Anreizkategorien zeigen einen (höchst) signifikanten Zusammenhang zu den High Potentials.
Wie können High Potentials im Unternehmen gehalten werden?	Es gibt keinen signifikanten Zusammenhang zwischen dem Status der High Potentials und der Mitarbeiterbindung. Es braucht eine ausdifferenzierte Anreizgestaltung, um eine „bindende" Wirkung zu erzeugen.	Allein die Tatsache, dass jemand der Definition eines High Potentials entspricht, enthält eine „bindende" Wirkung. Zusätzlich dienen die Anreize der Erhaltung von High Potentials.
Zusammenhang zwischen den Chancen auf dem Arbeitsmarkt (intern oder extern) für High Potentials und einem möglichen Stellenwechsel:	Je höher die Chancen auf dem internen Arbeitsmarkt, desto geringer ist die Gefahr eines möglichen Stellenwechsels.	Kein signifikanter Effekt
Auswirkungen der Verweildauer im Unternehmen auf einen möglichen Stellenwechsel von High Potentials:	Je eher jemand der theoretischen Definition eines High Potentials entspricht und je länger diese Person bereits im Unternehmen ist, desto unwahrscheinlicher wird ein Stellenwechsel.	Es besteht kein signifikanter Effekt zwischen der Verweildauer und einem möglichen Stellenwechsel. Jedoch: je mehr jemand der Definition eines High Potentials entspricht, desto kürzer ist die Verweildauer im Unternehmen.

Tabelle 14: Unterschiede der beiden Fallstudien

15.3 Zwischenfazit zur Erhaltung der High Potentials

Die Fachliteratur geht im Allgemeinen davon aus, dass ein Grossteil der High Potentials in einem Unternehmen Hochschulabsolventen sind, d. h. die Korrelation zwischen der Variable *Hochschulabsolvent* und der Tatsache *zu den High Potentials eines Unternehmens zu gehören* ist stark. Umgekehrt gehört aber nur ein gewisser Teil der Hochschulabsolventen zu den High Potentials.

High Potentials werden in erheblichem Masse durch immaterielle Anreize motiviert. Der Anreiz der Arbeit, also der intrinsische Anreiz, steht bei dieser hochqualifizierten Personengruppe an erster Stelle. Als ähnlich wichtig werden auch die Faktoren der Unternehmenskultur und -kommunikation gewichtet. Ein wirksames Anreizsystem umfasst sowohl materielle, immaterielle als auch soziale Anreize und trägt der Tatsache Rechnung, dass an oberster Stelle die Qualität der Arbeit selbst steht.

Der *Anreiz ‚Gehalt'* hat keine nachhaltig differenzierende Wirkung mehr. Ein branchen-, funktions- und standortübliches Gehalt wird zwar von High Potentials vorausgesetzt. Weitere, massive materielle Anreize darüber hinaus können aber Negativeffekte auslösen. In der Personalerhaltung gelten als wirklich nachhaltig differenzierend die immateriellen und sozialen Anreize, so z. B. das Verhältnis zum direkten Vorgesetzten, die Kooperation mit Kollegen/im Team und die Werte in der Unternehmenskultur.

Teil III:

Gestaltungsempfehlungen zur Gruppe der Hochschulabsolventen

Das Buch schliesst mit dem Teil der Gestaltungsempfehlungen. Aus der Synthese der vorangegangenen Teile sowie weiteren Erkenntnissen der Autoren ergeben sich mannigfaltige Gestaltungsempfehlungen für die Praxis zur Gewinnung, Förderung und Erhaltung von Hochschulabsolventen.

A) Hochschulabsolventen gewinnen

16 Personalmarketing aus Sicht der Studierenden

Unter dem Einfluss der Verbreitung des Internets hat sich bei den Unternehmen das Personalmarketing bzw. die Ansprache der Studierenden stark verändert. Auf Seiten der potenziellen Arbeitnehmer verändern sich – u. a. aufgrund des Wertewandels – die Erwartungen und Wünsche an die erste Arbeitsstelle und den Arbeitgeber massgeblich. Nachfolgend formulieren wir einige Anregungen für die Personalverantwortlichen in Unternehmen.

1) Beachten Sie, dass Personalmarketing ein umfassendes Denk- und Handlungskonzept ist

Personalmarketing als Denk- und Handlungskonzept enthält verschiedene Instrumente zur Gewinnung von externen und internen Mitarbeitenden. Entscheidend ist ein zielgruppenspezifischer Mix der Instrumente (für Informationen und Aktionen) mit passender Abstimmung.

2) Die Unternehmenskultur prägt das Personalmarketing und umgekehrt

Ziel der Mitarbeitendenselektion ist es, eine Person zu finden, bei welcher das Stellenprofil (Anforderungen) bestmöglichst mit dem Bewerberprofil übereinstimmt. Hierzu gehört auch die Frage, ob ein Bewerber zu den im Unternehmen gelebten Werten stehen kann. Mit Hilfe eines entsprechenden Unternehmensauftritts (z. B. an Hochschulmessen) können bereits gezielt eigene Werte kommuniziert werden. Dies vermindert die Anzahl von Bewerbungen, welche aufgrund unvereinbarer Werthaltungen aus dem Bewerbungsprozess eliminiert werden müssen.

3) Nutzen Sie das grosse Potenzial, welches das Internet für die Ansprache der Studierenden bietet

Gerade die Zielgruppe der Studierenden verwendet das Internet überdurchschnittlich häufig bei der Suche nach freien Stellen sowie zur Gewinnung von Informationen über Unternehmen. Dieses Potenzial gilt es, in gekonnter Weise auszuschöpfen. Im weiten Feld der Internetrecherche ist es einem Studierenden ohne grossen Aufwand möglich, Internetauftritte verschiedener Unternehmen zu vergleichen. Nicht nur ein Printinserat, sondern auch ein Internetauftritt ist eine Visitenkarte des Unternehmens und verrät einiges über den Stellenwert der Personalabteilung, über die Werte der Unternehmenskultur u. a.

4) Entscheidend ist zu wissen, was die Geeignetsten wollen

Viele Unternehmen stehen einer grossen Gesamtzahl von Hochschulabsolventen gegenüber. Der Markt ist nicht mehr so ausgetrocknet wie noch vor einigen Jahren. Trotzdem gilt es, die für die Stelle Geeignetsten aus der Vielzahl der Guten zu gewinnen. Es ist deshalb von entscheidender Wichtigkeit zu wissen, welche Erwartungen dieselben an das Unternehmen haben. Breit angelegte Hochschulabsolventenbefragungen geben zwar einige Hinweise, sie trennen aber nicht so genannte High Potentials aus der Masse heraus. Hier könnte es sich für ein Unternehmen lohnen, mit Befragungsinstituten zusammen zu arbeiten und spezifische Kriterien in einen Fragebogen einzubringen, welche es nachher erlauben, weitere Untergruppen von Hochschulabsolventen zu bilden.

5) Legen Sie Wert auf einen frühzeitigen Kontaktaufbau mit potenziellen Kandidaten

Ein wesentlicher Erfolgsfaktor ist der frühzeitige Aufbau von Kontakten mit potenziellen Kandidaten, z. B. über Seminare, Lizentiats- oder Diplomarbeiten. Hierbei erhält das Unternehmen die wertvolle Gelegenheit, bereits einige Informationen bezüglich Arbeitsverhalten u. a. zu erhalten, welche nachfolgend auch in den Selektionsprozess einfliessen können.

17 Electronic Recruiting

Das Internet hat sich innerhalb der letzten Jahre zu einem wichtigen Baustein für das Personalmarketing entwickelt. Ein gekonnter Internetauftritt vermag sowohl den Bekanntheitsgrad als auch die Attraktivität bzw. das Image eines Unternehmens als Arbeitgeber zu steigern. Damit das Internet im Dienste des Personalmarketings das Ziel der passgenauen Bewerbungen erreichen kann, besteht für manchen Arbeitgeber noch Handlungsbedarf. Es folgen einige Gestaltungsansätze zu ausgewählten Themen des Electronic Recruiting (vgl. Zimmermann, Daniel 2001).

1) Prüfen Sie die einfache und schnelle Auffindbarkeit Ihrer Homepage

Die Homepage sollte möglichst einfach und ohne langes Suchen aufgerufen werden können. Dazu sind die Firmennamen in mehreren Domains bei Switch (oder entsprechenden Einrichtungen in anderen Ländern) zu registrieren, so dass über verschiedene URL die gesuchte Seite aufgerufen werden kann.

2) Erstreben Sie eine klare Präsentation und Navigation

Eine übersichtliche Präsentation sowie eine klare Navigation sind Grundvoraussetzungen für ein effektives und effizientes Personalmarketing im Internet. Der Aufbau der Seite muss so strukturiert sein, dass gesuchte Daten so schnell wie möglich gefunden werden können.

3) Achten Sie auf eine ausgewogene Informationspolitik

Gerade in Zeiten grosser Veränderungen haben bereits vorhandene und potenzielle Mitarbeitende ein erhöhtes Bedürfnis nach Informationen. Mit einer breiten Palette an Informationen auf den Personalseiten der Homepage können diese Bedürfnisse besser befriedigt werden. Dieser Massnahme kann hohe motivations- und vertrauenssteigernde Wirkung zukommen und sie wird das Image des Unternehmens als Arbeitgeber positiv beeinflussen.

4) Nutzen Sie die Möglichkeiten der Interaktivität voll aus

Die Option des Personalmarketings im Internet hat gegenüber Printmedien insbesondere die Interaktivität als wesentlichen Vorteil. Von vielen Unternehmen werden die Möglichkeiten des Internets aber in dieser Hinsicht noch zu wenig genutzt. Neben einer verständlichen Stellenbeschreibung, welche einfach zu finden sein muss, erwartet der Besucher weitere Elemente, wie z. B. einen gut verständlichen Online-Bewerbungsbogen mit verschlüsselter Übermittlung, die Gelegenheit zum Hinterlassen von Bewerbungsprofilen, Self-Assessment-Elemente sowie die Option, den Status seiner Bewerbung online abzufragen.

5) Beachten Sie die notwendigen Anforderungen der Technik und Sicherheit

Das Internet entwickelt sich sehr schnell, was eine ständige technische Aktualisierung der Homepage erforderlich macht. Dieselbe ist vergleichsweise kostspielig, lohnt sich aber, da sie sich positiv auf das Image auswirkt. Im Personalbereich ist der Verschlüsselung sensibler Daten besondere Aufmerksamkeit zu schenken, ähnlich der Sicherung von Kreditkarteninformationen im E-Commerce. Abgesehen von allen technischen Leistungspotenzialen sollte die Benutzerfreundlichkeit der Homepage das wichtigste Ziel bleiben.

B) Hochschulabsolventen fördern

18 Trainee-Programme

Der erhöhte Wettbewerbsdruck wirkt sich auf die Konzeption und Durchführung der Ausbildungsprogramme für Hochschulabsolventen der Wirtschaftswissenschaften aus. Für die Zukunft zeichnen sich folgende Entwicklungen ab:
- Zunehmendes Angebot an Trainee-Programmen mit Auslandsaufenthalten
- Schwankendes Angebot an Trainee-Programm-Plätzen
- Zunehmende Individualisierung der Trainee-Programme nach Dauer und Inhalt

Aufgrund der Ergebnisse ihrer verschiedenen Umfragen zu Trainee-Programmen in der Schweiz und in Deutschland formulieren die Autoren einige Gestaltungsempfehlungen.

1) Beachten Sie, dass das Angebot eines integrierten Auslandsaufenthaltes für die Mehrheit der potenziellen Absolventen einen entscheidenden Anreiz darstellt

Mit dem Angebot integrierter Auslandsaufenthalte hat das Unternehmen die Möglichkeit, sich auf dem Arbeitsmarkt als fortschrittlicher und attraktiver Arbeitgeber zu positionieren und so positive Imagearbeit zu betreiben. Viele Hochschulabsolventen schätzen die Chance, während des Trainee-Programms im Ausland zu arbeiten. Nach Ansicht der Autoren ist es aber wichtig, diesem Aufenthalt einerseits eine angemessene Dauer (bspw. 2-3 Monate) zuzurechnen und andererseits dem Trainee auch in einer Auslandsgesellschaft eine traineewürdige Tätigkeit zuzuweisen.

2) Setzen Sie der Individualisierung von Trainee-Programmen nach Ablauf und Inhalt Grenzen

Trainee-Programme im traditionellen Sinne waren standardisierte Programme, welche für eine möglichst grosse Zahl von Absolventen konzipiert wurden. Werden diese nun vermehrt bezüglich Dauer und Inhalt individualisiert, so lösen sich diese Grundstrukturen mehr und mehr auf. Wenngleich ursprünglich aus dem Trainee-Programm herausgewachsen, so haben extrem massgeschneiderte Rotationsprogramme für einzelne Unternehmensneulinge kaum noch Gemeinsamkeiten mit den herkömmlichen und vielfach bewährten Absolventenprogramm-Typen und verlieren auch deren Vorteile und Chancen.

3) Bieten Sie unterschiedliche Programm-Arten an

Das Angebot verschiedener Arten von Trainee-Programmen vergrössert in aller Regel auch die Nachfrage nach Trainee-Programm-Plätzen. Gerade bei grösseren Unternehmen mit einer höheren Zahl von Vakanzen kann es attraktivitätsförderlich sein, Nachwuchskräfte mit unterschiedlichem Rotationsprogramm auszubilden.

4) Organisieren Sie das Trainee-Programm klar

Die Einbettung des Trainee-Programms in die Aufbauorganisation des Unternehmens ist wesentlich. Insbesondere ist es notwendig, eine für die Koordination zuständige Stelle/Abteilung bzw. Person zu benennen, welche Ansprechpartner für Fragen des Trainee-Programms sind. Denkbar ist z. B. in grösseren Unternehmen die Abteilung Personalentwicklung. Für die regelmässige Beurteilung der Trainees müssen klare Regeln vorgegeben sein: Zeitpunkt der Beurteilung, Beurteilende, Weiterleitung der Ergebnisse u. a. Ebenso ist es notwendig, von Zeit zu Zeit informelle Treffen zum Informationsaustausch unter den Absolventen zu organisieren.

5) Integrieren Sie das Trainee-Programm in das Personalentwicklungskonzept Ihres Unternehmens

Integrieren Sie die Absolventen so früh wie möglich ins Unternehmen. Die Integration kann sich in verschiedenen Facetten zeigen, z. B. in der Anbindung des Beurteilungssystems an das spätere Management-Development-System der Führungskräfte, im frühen Aufzeigen der Aufstiegs- und Entwicklungsmöglichkeiten oder in der kompetenten Beratung der Absolventen bei der Entscheidung für die Einstiegsstelle. Vermeiden Sie möglichst die Ausgliederung des Trainee-Programms aus dem betrieblichen Entwicklungssystem bspw. dadurch, dass die Absolventen einen nur für die Dauer des Programms befristeten Arbeitsvertrag erhalten. Das deutet auf einen klaren Bruch im Entwicklungs- und Förderungssystem der Nachwuchskräfte hin.

6) Erleichtern Sie die nachfolgende Integration der Absolventen ins Unternehmen durch regelmässige Beurteilungen

Mit regelmässigen Beurteilungen und sorgfältig vorbereiteten Mitarbeitergesprächen erhält der Trainee fortlaufendes Feedback zu seinen Leistungen. Zusätzlich können in diesen Gesprächen die Einstiegsstelle sowie weitere Entwicklungswünsche abgeklärt und Massnahmen initiiert werden. Gut durchgeführte Beurteilungen ergeben eine grosse Anzahl von Informationen bezüglich Leistungsqualität, Leistungsverhalten sowie auch Informationen zur Persönlichkeit der Absolventen. Diese Informationen ermöglichen eine wirksamere Eingliederung in die nachfolgende Einstiegsstelle.

7) Führen Sie ein Programm-Controlling durch

Trainee-Programme sind vergleichsweise kostenintensive Entwicklungsmassnahmen, welche sich nur dann lohnen, wenn sie zielgerichtet spätere Fach- und Führungskräfte in das Unternehmen einführen. Dazu sind wesentliche qualitative und quantitative Kennzahlen regelmässig zu ermitteln und an die Programmverantwortlichen zurückzukoppeln. Aufschlussreiche Kennzahlen sind zum Beispiel die Fluktuationsraten während des Programms, Fluktuationsraten innerhalb der ersten fünf Jahre nach Abschluss des Programms, erreichte Positionen der Absolventen im Unternehmen nach fünf Jahren oder die Informationsergiebigkeit der Ausbildungsjahre.

8) Bedenken Sie eine klare Einordnung des Trainee-Programms in die betrieblichen Karrierepfade

Das erfolgreiche Absolvieren des Trainee-Programms bildet in vielen Unternehmen die erste Stufe einer Führungskarriere. Auch wenn immer mehr Programme projektorientiert gestaltet sind, hat es sich noch nicht durchgesetzt, dass Trainee-Programme ebenso eine Voraussetzung für eine Fach- und/oder Projektkarriere bilden können.

Teil III: Gestaltungsempfehlungen 79

19 Die betriebliche Karriereplanung

Der intensive Wettbewerb und die verstärkte Internationalisierung führen bei vielen Unternehmen zu strategischen Neuausrichtungen, die teilweise zu Konzentrationen auf das Kerngeschäft und zu Zusammenschlüssen führen. Das einerseits verminderte Stellenreservoir und die andererseits gesteigerten Erwartungen der Stellenanwärter erhöhen den Druck auf die Verantwortlichen für das Personalmanagement. Vor diesem Hintergrund geben die Autoren folgende Gestaltungsempfehlungen:

1) Sorgen Sie für eine integrierte Sichtweise der betrieblichen Karriereplanung

Die betriebliche Karriereplanung weist vielfältige Verknüpfungen zu personalwirtschaftlichen Instrumenten und Funktionen auf. Erst durch das Zusammenspiel der Karrieremodelle, Instrumente und Funktionen kommt die Karriereplanung eines Unternehmens angemessen zum Tragen. Effektivität und Effizienz der Karriereplanung entscheiden sich massgeblich an diesen Schnittstellen bzw. an deren Ausgestaltung.

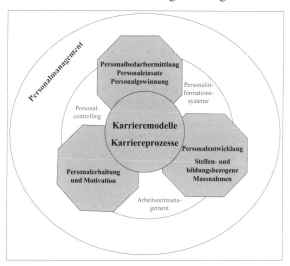

Abbildung 21: Integrierte Sichtweise der Karriereplanung

Es gilt, Karrieremodelle an eventuell bereits bestehende Instrumente und Funktionen anzuhängen und so Synergien zu ermöglichen und zu nutzen. Abbildung 21 stellt die Einbettung der Karriereplanung in das Personalmanagement grafisch dar. Dabei wurde versucht, die unterschiedlichen Beziehungen innerhalb der Karriereplanung grafisch zum Ausdruck zu bringen: Die Funktionen mit ausgeprägter Wechselwirkung werden dunkel unterlegt, eher unterstützende Funktionen bzw. Instrumente werden weiss dargestellt.

2) Berücksichtigen und analysieren Sie stets die aussserbetrieblichen, betrieblichen und personellen Bedingungsgrössen

Der Entscheidungs- und Handlungsspielraum der betrieblichen Karriereplanung wird durch ausserbetriebliche, betriebliche und personelle Bedingungsgrössen beeinflusst. Änderungen dieser Grössen können auch Modifikationen der Karriereplanung nach sich ziehen, weshalb es gilt, diese Grössen ständig zu beobachten, Änderungen frühzeitig zu erfassen und, wenn nötig, in die Überlegungen zur betrieblichen Karriereplanung einzubeziehen. So könnte z. B. ein wachsender Wunsch der Mitarbeitenden nach Teilzeitarbeit veränderte Karrieremodelle unter Arbeitszeitaspekten notwendig machen.

3) Führen Sie die betriebliche Karriereplanung sorgfältig ein

Sollen Teile der Karriereplanung neu definiert bzw. eine Karriereplanung erstmals eingeführt werden, muss Verschiedenes beachtet werden. Neben der Definition der anzubietenden Karrieremöglichkeiten im Unternehmen sind die miteinzubeziehenden Instrumente zu schaffen bzw. anzupassen. Die Definition der Karrieremodelle, einzelne Prozesse und die Ausformung von Instrumenten müssen simultan erfolgen: Modelle ohne Instrumente oder definierte Prozesse bzw. Abläufe sind ebenso wertlos wie Prozesse ohne Instrumente und Modelle. Die Karriereplanung geht in ganz besonderem Masse die Mitarbeitenden an, weshalb ein früher Einbezug der Mitarbeitenden, insbesondere auch der Linienkräfte, empfohlen wird. Diese können dabei auf Umsetzungsprobleme hinweisen – vor allem auch aus ihrer Erfahrung mit einzelnen Instrumenten. Der Beizug eines externen Experten, der Einbezug der Mitarbeitenden und eine mitarbeitergerechte Kommunikation mit der Offenlegung der Aufstiegskriterien dürften die Akzeptanz der Karriereplanung in der Belegschaft erheblich fördern.

Teil III: Gestaltungsempfehlungen

4) Bieten Sie verschiedene Karrieremodelle gleichzeitig an

Insbesondere grössere Unternehmen sollten darauf achten, dass im Rahmen ihrer betrieblichen Karriereplanung neben der Führungskarriere auch weitere Modelle angeboten werden. Nicht nur weil die Führungsstellen durch Restrukturierung abnehmen können; es sind auch nicht alle Mitarbeitenden gleich geeignet bzw. motiviert, eine Führungskarriere zu verfolgen. Diesen sollten zusätzliche strukturierte Veränderungs- und Entwicklungsmöglichkeiten mit adäquaten Positionsausstattungen (z. B. Gehalt, zusätzliche Verantwortung u. a.) angeboten werden.

Sind in einem Unternehmen mehrere nebeneinanderstehende Karrieremodelle vorhanden, so gilt es, die Voraussetzungen für allfällige Modellwechsel zu bestimmen. Es ist gut denkbar, dass z. B. ein Mitarbeiter, welcher bisher die Projektkarriere verfolgt hat, zukünftig in die Stufen der Fachkarriere wechseln möchte. Diese Wechsel sollten zu Gunsten der Mitarbeitermotivation gefördert und bis zu einer gewissen Hierarchiestufe ermöglicht werden. Das setzt voraus, dass z. B. auch die Gehaltsbandbreiten frühzeitig auf diese Möglichkeiten ausgerichtet, d. h. karrieremodellunabhängig definiert werden. Es reicht nicht, Mitarbeitende nach Karrierearten zu definieren, sondern sie müssen innerhalb der Modelle gefördert und entwickelt werden. Dazu benötigt das Unternehmen klare Strukturen sowie Aufstiegsbedingungen und -qualifikationen innerhalb der Modelle.

Bei kleinen Unternehmen werden selten mehrere Karrieremodelle gleichzeitig angeboten. Auch ohne standardisierte Karrieremodelle sind hier flankierende Massnahmen wie etwa Job-Rotation, Job-Enrichment, Job-Enlargement oder vereinzelte Projekteinsätze denkbar. Ebenso ist auch die Definition von herausgehobenen Fachpersonen (Sachbearbeitern u. a.) realisierbar, welche eine höhere fachbezogene Verantwortung und Kompetenz innehaben, was eigentlich bereits einem ersten Ansatz der Fachkarriere entspricht.

5) Verknüpfen Sie die Karriereplanung mit der Funktion der Personalerhaltung und Motivation

Das Vorhandensein einer betrieblichen Karriereplanung an sich bewirkt bei vielen Mitarbeitern bereits eine Verstärkung der Motivation und dient damit der längerfristigen Personalerhaltung. Günstige Auswirkungen auf die Verweildauer im Unternehmen dürfte die Einführung einer Fachkarriere für die Mitarbeitergruppe der hochspezialisierten Mitarbeitenden bzw. Experten haben.

Weitere Verbindungen zur Motivation bestehen z. B. über die Lohnfindung: Je höher die erreichte Stufe bzw. die Kompetenzen und Verantwortung, desto höher das Gehalt. Das entspricht auch einem generellen Belohnungsgedanken für erbrachte Leistungen in der Vergangenheit. Einem modularen Entlöhnungssystem folgend werden hier meistens stufenabhängige Boni bzw. andere leistungsabhängige Geld- und Sachleistungen oder erfolgsunabhängige Fringe Benefits vorgesehen. Auch für Mitarbeitende, welche keinem Karrieremodell zugeordnet sind, empfiehlt sich eine leistungsabhängige Vergütung, welche unabhängig von der ‚Karriereleiter' die in der Beurteilungsperiode erfolgte Leistung honoriert.

6) Verbinden Sie die Karriereplanung untrennbar mit der Funktion der Personalentwicklung

Die Verknüpfungen der Karriereplanung mit der Funktion der Personalentwicklung können in zwei Kategorien eingeteilt werden: Bildungsbezogene und stellenbezogene Massnahmen. Bei den bildungsbezogenen Massnahmen ist es wichtig, dass die Voraussetzungen und Bedingungen sowohl für den Eintritt in ein Karrieremodell als auch für die modellbezogene Weiterentwicklung klar definiert und kommuniziert werden. So können einerseits spezifische Weiterbildungskurse darauf hin ausgerichtet werden, andererseits weiss der Mitarbeiter zu jeder Zeit selbst, welche Qualifikationen ihm noch fehlen.

Stellenbezogene Massnahmen können definitive Arbeits- und Positionswechsel effizient vorbereiten. So eignet sich z. B. die Stellvertretung sehr gut dazu, einen potenziellen Nachfolger mit umsichtiger Einführung und Begleitung durch den Stelleninhaber auf die nächsthöhere Stufe zu entwickeln.

7) Nehmen Sie frühzeitig eine interne Nachfolgeplanung vor

Häufig umfasst die Karriereplanung auch eine mehr oder weniger konkrete Nachfolgeplanung für ausgewählte Schlüsselpositionen. Besteht eine solche, beeinflusst sie sowohl die Personalbedarfsplanung als auch die Personalgewinnung. So genannte Mitarbeiterpools bestehen aus Mitarbeitenden, welche sich aufgrund ihrer herausragenden Leistungen bzw. der zu erwartenden Leistungen (Potenzial) für diese Schlüsselstellen empfehlen. Zur Motivation dieser betroffenen Mitarbeiter bedarf es unbedingt der intensiven Pflege dieses Pools: Den Mitarbeitern muss klar kommuniziert werden, für welche Stellen sie in der Anwärterposition sind und in welchem Zeitraum ein Stellenwechsel ins Auge gefasst wird. Bis zu diesem Zeitpunkt können spezifische Kurse und sonstige Lernangebote die benötigten Fähigkeiten weiter spezialisieren und ergänzen. Ebenfalls ist die Option zu prüfen, den Nachfolgeanwärter bereits zum Stellvertreter des bisherigen Stelleninhabers zu ernennen und so eine optimale Vorbereitung auf die neue Stelle zu ermöglichen. Hat ein Unternehmen eine entsprechend konkrete Nachfolgeplanung, so sollte sie sich bei Vakanzen zunächst an Mitarbeitern des Pools orientieren und nur in Ausnahmefällen (nicht schliessbaren Qualifikationslücken) auf externe Kandidaten zurückgreifen. Die Wahl eines externen Kandidaten für eine Position, für welche es auch valable interne Kandidaten gegeben hätte, hat oft negative Folgen auf das Arbeitsklima ganzer Abteilungen und beeinflusst so die Mitarbeiterzufriedenheit und Motivation in ungünstiger Weise.

8) Setzen Sie im Rahmen der Karriereplanung verschiedene personalwirtschaftliche Instrumente ein

Im Prozess der Karriereplanung kommen in Unternehmen verschiedenste Instrumente zum Einsatz. In der Praxis werden die Instrumente der Leistungs- und Potenzialbeurteilung meist zusammengefasst (z. B. im Rahmen von Mitarbeitergesprächen). Es gilt aber zu beachten, dass erbrachte Leistungen mit dem vorhandenen Potenzial eines Mitarbeiters zwar einen Zusammenhang haben, dieser aber wohl nicht so stark korreliert wie bisweilen angenommen wird. Hervorragende Leistungen im momentanen Arbeitsfeld haben für die Eignung an einer Arbeitsstelle mit erhöhten bzw. unterschiedlichen Anforderungen keinen zuverlässigen Vorhersagewert. Auch wenn dieser Fall in der Praxis wohl selten erprobt wird, so ist es auch denkbar, dass ein Mitarbeiter mit momentan nur durchschnittlichen Leistungen in einem anderen, höher bewerteten Arbeitsplatz durchaus sehr gute Leistungen erbringen kann. Leistung und Potenzial bedürfen streng genommen einer getrennten Abklärung. Die Potenzialabklärung bzw. die AC-Übungen müssen mitarbeiter- und anforderungsspezifisch erfolgen, denn nur so können detaillierte Aussagen über Entwicklungsnotwendigkeiten, -fähigkeiten und -möglichkeiten gemacht werden.

Immer mehr Unternehmen verknüpfen – wenigstens bei einem Teil der Mitarbeitenden – die Leistungsbeurteilung mit der Einkommensbestimmung, einer sogenannten leistungsabhängigen Entlöhnung. Vorgängig zu dieser Verknüpfung muss die Aussagefähigkeit und Qualität des Beurteilungsinstrumentes kritisch überprüft werden, wie z. B. mit folgenden Fragen: Werden Kriterien beurteilt, welche wirklich beobachtbar bzw. messbar sind? Werden Ziele beurteilt, deren Erreichung im Verantwortungsbereich des zu Beurteilenden liegt? Wie gross ist die Validität, Reliabilität, Objektivität und Akzeptanz des eingesetzten Beurteilungsinstrumentes nach Mitarbeitergruppen? Ebenso ist zu berücksichtigen, dass nicht alle Bestandteile einer Leistungsbeurteilung mit der Entlöhnung verknüpft werden sollen. So empfiehlt es sich z. B. die Personalentwicklung und -förderung nicht in eine direkte Verbindung mit der Entgeltfindung zu stellen. Die Leistungsbeurteilung soll losgelöst von der Lohnfrage intersubjektiv nachvollziehbare Entwicklungsdefizite der Mitarbeitenden feststellen, auf denen nachfolgend gezielte Förderungsmassnahmen aufgebaut werden können.

9) Unterschätzen Sie die Kommunikation der Karriereplanung nicht

Das Vorhandensein einer betrieblichen Karriereplanung kann zu verschiedenen Zwecken und in unterschiedlicher Art kommuniziert werden. Im Weiteren soll vor allem auf die Kommunikation im Rahmen der Personalgewinnung und auf die Mitarbeiterinformation eingegangen werden.

Gerade jüngere Bewerber, insbesondere Universitäts- und Fachhochschulabsolventen, wollen vermehrt bereits beim Bewerbungsgespräch erfahren, welche Entwicklungsmöglichkeiten sie beim potenziellen Arbeitgeber haben. Über die Informationsbroschüre zu den Entwicklungsmöglichkeiten im Unternehmen hinaus kann die betriebliche Karriereplanung auch im Rahmen des Personalmarketings gezielt eingesetzt werden und so die Stellung des Unternehmens als attraktiver Arbeitgeber mitprägen.

Für Mitarbeitende des Unternehmens sollte es verschiedene Quellen geben, sich einerseits bezüglich möglicher Entwicklungsschritte und deren Vorbedingungen andererseits hinsichtlich vakanter Stellen zu informieren. Als Kommunikationsmittel kommen so unterschiedliche Instrumente wie z. B. das Intranet, die Mitarbeiterzeitung oder ein ‚schwarzes Brett' in Frage. Die Interaktivität des Intranets bietet den Vorteil, dass die einzelnen Informationen zu Karrieremodellen, zu Vorbedingungen, entsprechenden Kursen oder vakanten Stellen so aufbereitet werden können, dass der interessierte Mitarbeiter durch Anklicken alle relevanten Informationen gewinnen kann. Ebenso ist eine zielpublikumsgerechte Zugangsregelung denkbar. In vielen Unternehmen wird neben dem Intranet auch nach wie vor die Mitarbeiterzeitung zur Kommunikation vakanter Stellen oder Informationen rund um die Karriereplanung verwendet. Gegenüber dem Intranet sind diese Informationen ungleich weniger aktuell, können aber z. B. mit einer Kaderzeitschrift auch zielgruppenbezogen verteilt werden. Das sogenannte ‚schwarze Brett' dürfte in Zukunft durch das Intranet abgelöst werden.

Eine ausführliche und aktuelle Information zu den Entwicklungsmöglichkeiten im Unternehmen kann viel dazu beitragen, frühzeitig Mitarbeitervorstellungen und real vorhandene Stellenangebote im Unternehmen in Deckung zu bringen und so Fehleinschätzungen und Konflikte zu mindern.

10) Führen Sie ein Controlling der betrieblichen Karriereplanung

Wie jedes Instrument sollte auch die Karriereplanung regelmässig hinsichtlich ihrer Qualität und Akzeptanz überprüft werden. Eher grobe Abklärungen erfolgen am besten in direkten Gesprächen mit den Betroffenen, z. B. in Mitarbeiter-, Karriere- oder Austrittsgesprächen. Ebenfalls eine geeignete Möglichkeit, die Meinung der Belegschaft zu erkunden, ist die Mitarbeiterbefragung, in welche auch ein Fragenblock zur Personalentwicklung integriert werden kann. Eine systematische, regelmässig durchgeführte, Mitarbeiterbefragung kann wertvolle Angaben über aktuelle Vorstellungen der Mitarbeitenden liefern und so auf mögliche bzw. notwendige Anpassungen in der Karriereplanung hinweisen.

Zusätzlich zu den Mitarbeiterbefragungen empfehlen sich Überprüfungen ausgewählter Instrumente des Karriereprozesses wie z. B. der Beurteilungsinstrumente oder des Trainee-Programms. Hier können Kennzahlen ermittelt und über verschiedene Perioden hinaus verglichen werden (z. B. Anzahl der Teilnehmer im Trainee-Programm, Anzahl der Leistungsbeurteilungen mit der Endbewertung ‚überdurchschnittlich' usw.). Die Auswertungen dieser Kennzahlen sollen zu einer kontinuierlichen Verbesserung der Instrumente beitragen.

C) Erhaltung von Hochschulabsolventen bzw. High Potentials

20 Retention-Management

Aus den Ergebnissen der Untersuchung zum Retention-Management können folgende Schlüsse gezogen werden:

1) Definieren Sie den Begriff High Potential für Ihr Unternehmen

Je nach Branche und Unternehmen stehen unterschiedliche Kriterien eines High Potentials im Vordergrund, weshalb unbedingt eine unternehmensspezifische Definition empfohlen wird. Für eine solche Definition sind folgende Merkmale wesentlich: höhere fachliche Ausbildung, starke Motivation und Freude an herausfordernder Tätigkeit, sozial kompetenter Umgang mit Arbeitskollegen und Vorgesetzten, stetiges Bedürfnis nach beruflicher und persönlicher Weiterbildung. Auch wenn High Potentials häufig jüngere Personen sind, ist das Alter kein ausschlaggebendes Definitionsmerkmal. In beiden Unternehmen wurden viele über 40-jährige Personen zu den High Potentials gerechnet. Dennoch ist es sehr wichtig, diese Personengruppe möglichst früh zu identifizieren.

2) Denken Sie daran, dass ein wirkungsvolles Anreizsystem unterschiedliche Anreize umfasst

Ein wirksames Anreizsystem umfasst sowohl *materielle, immaterielle als auch soziale Anreize*. Bei einem Zuviel an materiellen Anreizen kann sich ein so genannter Verdrängungseffekt einstellen. Die Erfüllung der Arbeit ist dann nur noch Mittel zum Zweck, d. h. Mehrung des Materiellen. Für High Potentials ist insbesondere die sinnstiftende und herausfordernde Tätigkeit an sich ein entscheidender Anreiz. Ein branchen-, funktions- und standortübliches Gehalt wird zwar von High Potentials vorausgesetzt. Weitere, massive materielle Anreize darüber hinaus können aber Negativeffekte auslösen. In der Personalerhaltung gelten als wirklich nachhaltig differenzierend die immateriellen und sozialen Anreize, so z. B. das Verhältnis zum direkten Vorgesetzten, die Kooperation mit Kollegen bzw. im Team und die Werte in der Unternehmenskultur.

3) Achten Sie auf transparente Karrieremöglichkeiten

Je höher die *Chancen auf dem internen Arbeitsmarkt* sind, desto geringer ist die Gefahr eines möglichen Stellenwechsels. Dieser Gefahr kann mit einem gut strukturierten und durchlässigen *Karrieresystem* entgegen gewirkt werden. Die Ausgestaltung der Aufstiegs- und Entwicklungsmöglichkeiten sowie der Weiterbildungen on-the-job und off-the-job sollte auf die individuelle Persönlichkeit abgestimmt werden können. Dies erfordert Flexibilität seitens der Unternehmung. Dabei ist zu beachten, dass sowohl für Fach- als auch für Führungskräfte ein Angebot besteht, also verschiedene Karrieremodelle (Linien-, Fach- und Projektkarrieren) angeboten werden. Häufig umfasst die Karriereplanung eine interne Nachfolgeplanung für ausgewählte Schlüsselpositionen.

4) Investieren Sie in High Potentials

High Potentials sind (auf unterschiedlichen Ebenen) die Führungskräfte von morgen und damit für den Fortbestand des Unternehmens von grosser Wichtigkeit. Es gilt, in diese Mitarbeitendengruppe zu investieren und deren Vertrauen zu gewinnen. High Potentials sind, schon von ihrer Unternehmensposition her, meist sehr gut über das Geschehen im Unternehmen informiert, höchst arbeitsmarktfähig und daher immer ‚abwanderungsgefährdet'.

5) Erhöhen Sie die Transparenz in Ihrer Informations- und Kommunikationspolitik und stärken Sie so das Vertrauen in Ihr Unternehmen

High Potentials – als Zukunftsträger des Unternehmens – müssen unbedingt die Vision und Strategie des Unternehmens kennen und sich damit identifizieren können. Die Möglichkeit der Partizipation stärkt das Vertrauen in die Unternehmenszukunft zusätzlich. Will das Unternehmen seine besten Mitarbeitenden nicht verlieren, gilt es, offen, rechtzeitig und ehrlich mit ihnen vorhandene Unternehmensprobleme zu diskutieren und sie auch in Problemlösungen einzubeziehen. Nur eine entsprechende Transparenz in der Informations- und Kommunikationspolitik stärkt das Vertrauen in das Unternehmen. Verunsicherte oder nur durch Medien (des-)informierte High Potentials erhöhen die Fluktuation in dieser Personengruppe stark.

6) Denken Sie daran, dass der Status eines High Potentials an sich wesentlichen Einfluss auf seinen Stellenwechsel hat

Zu der Gruppe der High Potentials zu gehören, ist ein zusätzlicher, in erster Linie immaterieller Anreiz, der verschiedene weitere Anreize umfasst:

- Besondere Aufmerksamkeit und Förderung durch die Vorgesetzten
- Zusätzliche Netzwerke im Unternehmen (z. B. Kadertraining)
- Attraktivere interne Arbeitsmöglichkeiten

High Potentials erfahren im Unternehmen viel Förderung, dennoch ist es möglich, dass sie als Erste das Unternehmen verlassen, weil die Anreizstruktur und das anspruchsvolle Anreiz-Beitrags-Gleichgewicht nicht mehr stimmen. Es ist wichtig, einmal vom Unternehmen definierten High Potentials ihre Position und internen Aufstiegsmöglichkeiten zu erläutern, sie als dem Unternehmen wichtige Mitarbeitende anzusprechen. Zur Motivation der betroffenen High Potentials bedarf es unbedingt der intensiven Pflege dieses Pools: Den Mitarbeitern muss klar kommuniziert werden, für welche Stelle sie in der Anwärterposition sind und in welchem Zeitraum ein Stellenwechsel ins Auge gefasst wird.

Schlusswort

Die Gewinnung, Förderung und Erhaltung von Hochschulabsolventen bedingen sich gegenseitig. Nur Unternehmen, welche Hochschulabsolventen fördern, können dieselben auch längerfristig im Unternehmen halten und bauen sich so ein Image auf, welches wiederum der Gewinnung von neuen leistungsfähigen Absolventen dient.

Gewinnung, Förderung und Erhaltung von Hochschulabsolventen sind Teile einer umfassenden, unternehmensspezifischen Personalkonzeption, welche die unterschiedlichsten Funktionen und Instrumente umfasst. Sie wurden hier exemplarisch und unter Konzentration auf bestimmte Personalfunktionen dargestellt. Ähnliche Überlegungen sind auch für weitere spezifische Mitarbeitergruppen denkbar, so z. B. für ältere Mitarbeiter mit besonders wertvollem Spezialwissen oder für Lehrlinge mit hohem Entwicklungspotenzial.

Das Personalmanagement für Hochschulabsolventen ist keine ausschliessliche Aufgabe für interne und externe Personalspezialisten, sondern kann nur gelingen, wenn diese Aufgabe zu einem wesentlichen Teil von den Führungskräften übernommen und mitgetragen wird. Das vorliegende Buch richtet sich deshalb sowohl an Personalspezialisten als auch an Führungskräfte der unterschiedlichen Hierarchiestufen. Die Aussagen in diesem Buch basieren auf vielen verschiedenen empirischen Studien des Instituts für Organisation und Personal (IOP) der Universität Bern. Damit wird ein enger Erfahrungsaustausch mit der aktuellen Praxis im privaten und öffentlichen Sektor ermöglicht. Dies erfordert gleichzeitig jedoch immer wieder neue Studien, welche Veränderungen auf dem internen und externen Arbeitsmarkt erfassen und in den Wissensaustausch zwischen Hochschule und Praxis einfliessen lassen.

Der Praxisbezug des IOP kommt auch dadurch zum Ausdruck, dass der IOP-Award für ‚Excellence im Personalmanagement' im Jahre 2001 für die Bestleistung eines Schweizer Unternehmens im Bereich Electronic Recruiting verliehen wurde (www.iop.unibe.ch). Im Jahre 2003 ging der IOP-Award an das Schweizer Unternehmen mit dem bestgestalteten Trainee-Programm. Wir wollen dazu beitragen, dass besondere Leistungen bei der Gewinnung und Förderung von Hochschulabsolventen Anerkennung finden.

Literaturverzeichnis

Arnold, Andreas (1999): Trainee-Programme für Universitäts- und Fachhochschulabsolventen der Wirtschaftswissenschaften in Deutschland. Konzeptionelle Grundlagen und empirische Ergebnisse. Unveröffentlichte Lizentiatsarbeit am Institut für Organisation und Personal der Universität Bern, Bern 1999

Becker, Manfred (1999): Personalentwicklung. Bildung, Förderung und Organisationsentwicklung in Theorie und Praxis, 2. Auflage, Stuttgart 1999

Berthel, Jürgen (1997): Personal-Management. Grundzüge für Konzeptionen betrieblicher Personalarbeit, 5. Auflage, Stuttgart 1997

Blum, Adrian/Zaugg, Robert J. (1999): Praxishandbuch Arbeitszeitmanagement. Beschäftigung durch innovative Arbeitszeitmodelle, Chur/Zürich 1999

Boegelein, Margareta (1999): Marktübersicht: Online-Jobbörsen. In: Personal, 51. Jg. 1999, Nr. 12, S. 592-598

Bolte, Ernst-August/Jung, Peter (1995): Konstruktion eines Assessment Centers. Anforderungen, Übungen. In: Assessment Center in der betrieblichen Praxis. Erfahrungen und Perspektiven, 2. Auflage, hrsg. v. Arbeitskreis Assessment Center e.V., Hamburg 1995

Brasse, Claudia (1998): Veränderung der betrieblichen Karriereplanung. In: Personalwirtschaft, 25. Jg. 1998, Nr. 12, S. 42-46

Breisig, Thomas/Kubicek, Herbert (1987): Hierarchie und Führung. In: Handwörterbuch der Führung, hrsg. v. Alfred Kieser/Gerhard Reber/Rolf Wunderer, Stuttgart 1987, Sp. 1064-1077

Bundesamt für Statistik BfS (2003): Universitäre Hochschulindikatoren. [Online] URL:http://www.statistik.admin.ch/stat_ch/ber15/indik_hsw, Stand 9. April 2003

Eggers, Bernd/Ahlers, Friedel (1999): Schlüsselfaktoren eines erfolgreichen High-Potential-Personalmarketing. In: Innovatives Personalmarketing für High-Potentials, hrsg. v. Anke Thiele und Bernd Eggers, Göttingen 1999, S. 39-45

Ferring, Karin/Staufenbiel, Joerg E. (1994): Trainee-Programme für Hochschulabsolventen. In: Handbuch des Führungskräfte-Managements, hrsg. v. Rolf Dahlens, München 1994, S. 73-86

Friedli, Vera (2002): Die betriebliche Karriereplanung. Konzeptionelle Grundlagen und empirische Studien aus der Unternehmensperspektive, Bern u. a. 2002

Fuchs, Jürgen (1998): Die neue Art Karriere im schlanken Unternehmen. In: Harvard Business manager, 20. Jg. 1998, Nr. 4, S. 83-91

Gaugler, Eduard (1998): Karriere ohne Hierarchie? In: Personal, 50. Jg. 1998, Nr. 12, S. 591

Giesen, Birgit (1998): Personalmarketing – Gewinnung und Motivation von Fach- und Führungsnachwuchskräften. In: Entwicklungskonzepte und Personalmarketing für den Fach- und Führungsnachwuchs, 2. Auflage, hrsg. v. Norbert Thom/Birgit Giesen, Köln 1998, S. 86-101

Graf, Anita (2002): Lebenszyklusorientierte Personalentwicklung. Ein Ansatz für die Erhaltung und Förderung von Leistungsfähigkeit und -bereitschaft während des gesamten betrieblichen Lebenszyklus, Bern u. a. 2002

Gsponer, Manuela (2001): Status quo und Zukunftstrends der Instrumente des Personalmarketings für die Zielgruppe der technischen Hochschulabsolventen. Konzeptionelle Grundlagen – empirische Ergebnisse – Gestaltungsempfehlungen, Unveröffentlichte Lizentiatsarbeit am Institut für Organisation und Personal der Universität Bern, Bern 2001

Heitmeyer, Klaus/Thom, Norbert (1988): Assessment-Center. Gestaltungs- und Anwendungsmöglichkeiten, 3. Auflage, Köln 1988

Kirchhofer, Rainer (o. J.): Nur noch über das Internet? Die Stellenvermittlung aus der Sicht des Arbeitgebers. In: Jobkompass – Stellensuche auf dem Internet, hrsg. v. Swift Management AG, Reinach o. J., S. 21-22

Läuchli, Simon (2000): Elektronische Rekrutierungsansätze – die Qual der Wahl. In: Persorama, 24. Jg. 2000, Nr. 4, S. 27-29

Leuenberger, Matthias (2001): Personalmarketing aus der Sicht der Studierenden. Konzeptionelle Grundlagen – Empirische Ergebnisse. Unveröffentlichte Lizentiatsarbeit am Institut für Organisation und Personal der Universität Bern, Bern 2001

Martel, Leon (2002): High Performers. How the Best Companies Find and Keep Them, San Francisco 2002

McKinsey&Company (2000): ohne Titel. [Online] URL: http://www.mosaic.mckinsey.de, Stand 27. September 2000

Migula, Cornelia/Alewell, Dorothea (1999): Internet-Stellenanzeigen als Medium der Personalbeschaffung. Empirische Befragung von Arbeitgebern und Bewerbern. In: Personal, 51. Jg. 1999, Nr. 12, S. 599-603

Moser, Regine/Saxer, Andrea (2002): Retention-Management für High-Potentials. Konzeptionelle Grundlagen – Empirische Ergebnisse – Gestaltungsempfehlungen. Unveröffentlichte Lizentiatsarbeit am Institut für Organisation und Personal der Universität Bern, Bern 2002

Netzwerk WEGE INS STUDIUM (2002): Zur Zukunft des Akademikerarbeitsmarktes. Über Nutzen und Risiken von Prognosen und den richtigen Umgang damit, Nürnberg 2002

Simon, Hermann (1995): Effektives Personalmarketing. Strategien – Instrumente – Fallstudien, Wiesbaden 1995

Schwertfeger, Bärbel (2000): Buhlen um die Besten. In: w&v, werben und verkaufen, o. Jg. 2000, Nr. 18, S. 18

Thom, Norbert (1987): Personalentwicklung als Instrument der Unternehmungsführung. Konzeptionelle Grundlagen und empirische Studien, Stuttgart 1987

Thom, Norbert (1999): Sponsoring aus betriebswirtschaftlicher Sicht. Grundlagen und das Universitäts-Sponsoring als Anwendungsbeispiel. In: Mäzenatentum – Stiftungswesen – Sponsoring. Atzelsberger Gespräche 1998, hrsg. v. Helmut Neuhaus, Erlangen 1999, S. 111-138

Thom, Norbert (2001): Personalmanagement – Überblick und Entwicklungstendenzen. In: Excellence durch Personal- und Organisationskompetenz, hrsg. v. Norbert Thom und Robert J. Zaugg, Bern 2001, S. 117-131

Thom, Norbert (2002): Personal II. Skript zur Vorlesung Personal II, 8. Auflage, Bern 2002

Thom, Norbert; Friedli, Vera (2002): Personalerhaltung. Fallstudien zur Personengruppe der High-Potentials, Arbeitsbericht Nr. 62 des Instituts für Organisation und Personal der Universität Bern, Bern 2002

Thom, Norbert/Friedli, Vera/Zimmermann, Reto (2002): Trainee-Programme nach dem Wirtschaftsstudium in der Schweiz. Arbeitsbericht Nr. 60 des Instituts für Organisation und Personal der Universität Bern, Bern 2002

Thom, Norbert/Friedli, Vera/Kuonen, Daniela (2002): Trainee-Programme nach dem Wirtschaftsstudium. Arbeitsbericht Nr. 54, Institut für Organisation und Personal der Universität Bern, Bern 2002

Tschopp, Irene (2002): Die Wirtschaft ruft nach ‚High Potentials'. In: Zukunftschancen 2002, 15. Auflage 2002, S. 29-31

Ulich, Eberhard (1998): Arbeitspsychologie. 4. Auflage, Zürich/Stuttgart 1998

Weibel, Philipp (1996): Gestaltung und Verbreitung von Traineeprogrammen in der schweizerischen Wirtschaftspraxis. Konzeptionelle Grundlagen, Fallbeispiele und empirische Ergebnisse. Unveröffentlichte Lizentiatsarbeit am Institut für Organisation und Personal der Universität Bern, Bern 1996

Weitbrecht, Hansjörg (1992): Karriereplanung, individuelle. In: Handwörterbuch des Personalmanagements, 2. Auflage, hrsg. v. Eduard Gaugler und Wolfgang Weber, Stuttgart 1992, Sp. 1114 – 1126

Wollsching-Strobel, Peter (1999): Managementnachwuchs erfolgreich machen. Personalentwicklung für High Potentials, Wiesbaden 1999

Zaugg, Robert J./Blum, Adrian/Thom, Norbert (2001): Sustainability in Human Resource Management. Evaluation Report. Survey in European Companies and Institutions, Bern 2001

Zimmermann, Daniel (2001): Personalmarketing im Internet. Konzeptionelle Grundlagen – Empirische Untersuchung in der Schweiz – Gestaltungsempfehlungen. Unveröffentlichte Lizentiatsarbeit am Institut für Organisation und Personal der Universität Bern, Bern 2001

Zimmermann, Daniel (2003): Personalmarketing im Internet. IOP-Award 2001: Best in Electronic Recruiting. Neubeurteilung 2003 der Finalisten. Unveröffentlichte Sonderstudie am Institut für Organisation und Personal der Universität Bern, Bern 2003

Zimmermann, Reto (2002): Ausbildungsprogramme und Trainee-Programme für Universitäts- und Fachhochschulabsolventen der Wirtschaftswissenschaften in der Schweiz. Konzeptionelle Grundlagen und empirische Ergebnisse. Unveröffentlichte Lizentiatsarbeit am Institut für Organisation und Personal der Universität Bern, Bern 2002

Sachwortverzeichnis

Im Sachwortverzeichnis sind die Stichworte nur mit den wesentlichsten Verweisen eingetragen.

Absolventen *Siehe* Hochschulabsolventen
Akademiker V, 2
Akademisierung V, 2
Anforderungsprofil 48
Anreize
  - materielle 26, 67 f., 81
  - immaterielle 26, 67 f., 81, 84
  - soziale 26, 84
  - organisatorische 26
  - finanzielle 26, 67 f., 81
Anreizsystem 26, 84, 86
Arbeitgeber 33 f.
Arbeitsort 64 f.
Arbeitszeitgestaltung *Siehe* Arbeitszeitmanagement
Arbeitszeitmanagement 27
Arbeitszeitmodelle 27
Assessment-Center
  - Ablauf 10 ff.
  - Variationen 12 ff.
Assessoren 11
Ausbildung
  - on-the-job 40 ff., 46, 87
  - off-the-job 17, 87
Ausbildungsprogramme *Siehe* Trainee-Programme
Auslandsaufenthalte 47 f., 76

Berufsvorstellungen 32 f.

Beurteilung 50 f.

Controlling 78, 85

Direkteinstieg 14

Electronic Recruitment 8 ff., 35 ff., 73 ff.
Erststelle 32 ff.

Fachkarriere 21 f., 57 f.
Fachvorträge 5
Fallstudien 63 ff.
Fluktuation *Siehe* Stellenwechsel
Führungskarriere 20 f.
Führungsnachwuchskräfte 25

Globalisierung 46 ff.

High Potentials
  - Definition 2 f., 86
  - Erhaltung von 25 ff., 63 ff.
Hochschulabsolventen V f., 2 f.
Hochschulmarketing 5 ff., 32 ff., 72 ff.
Hochschulmessen 5 f.
Hochschul-Sponsoring 5 f.
Homepage
  - Auffindbarkeit 36, 74
  - Informationsgehalt 37 f., 74

- Navigation 36 f., 74
- Präsentation 36 f., 74
- unternehmenseigene 9, 35 ff.

Individualisierung 46 f., 76 f.
Informationspolitik 66, 87
Internationalisierung 46 ff.
Internet
- Informationsbeschaffung 8 ff., 34
- Jobbörsen 9, 34
- Stellenanzeigen 9, 34
Interaktivität 35 ff., 74

Karriere 19, 23, 87
Karrieremodelle 19 ff., 56 ff., 81
Karriereplanung
- betriebliche 19 ff., 53 ff., 77, 79 ff.
- Bezugsgruppen 53 f.
- Ziele 54 ff.
Karrieregespräch 27, 60
Kennzahlen *Siehe*
 Controlling
Kommunikation 66, 84, 87

Lernziele 43 f.
Leistungsbeurteilung 25, 50 f.
Lizentiatsarbeit 5, 7 f.
Low Potentials V

Motivation
- extrinsische 26, 81
- intrinsische 26, 81

Nachfolgeplanung 82
Nachwuchsförderung 82
Nachwuchskräftepool 27, 88

Personalauswahl *Siehe*
 Personalgewinnung
Personalentwicklung 77 f., 82
Personalerhaltung 63 ff., 82
Personalgewinnung 2 ff., 8 f.
Personalmanagement 89
Personalmarketing 2 ff., 8 f., 72 ff.
Personalportfolio 26
Potenzialbeurteilung 25, 50
Praktikum 7 f.
Projektkarriere 22 f., 57 ff.
Retention-Management *Siehe*
 Personalerhaltung

Stellenwechsel 88

Trainee-Programme
- Arten 15 ff., 44 f.
- Erfahrungen 48 ff.
- Erfolgskriterien 17 ff.
- Individualisierung 46 ff., 76
- Konzeption 15 ff., 44 f., 77
- Vergleiche 51 ff.
- Ziele 42 f.

Universitätssponsoring *Siehe*
 Hochschul-Sponsoring
Unternehmungskultur 63 ff., 84
Unternehmensstruktur 63 ff., 84
Unternehmensstrategie 66

Weiterbildung 60 f.
Work-Life-Balance 27

Zu den Autoren

Prof. Dr. Norbert Thom ist ordentlicher Professor für Betriebswirtschaftslehre sowie Gründer und Direktor des Instituts für Organisation und Personal der Universität Bern. Sein Interesse gilt u. a. einem umfassenden Personalmanagement. Er hat zahlreiche Fachpublikationen verfasst, von denen einzelne in bis zu 15 Sprachen übersetzt wurden. Innerhalb des Personalmanagements forscht er u. a. seit über 20 Jahren auf dem Gebiet der Personalentwicklung. Seine 1984 an der Universität zu Köln eingereichte Habilitationsschrift trägt den Titel ‚Personalentwicklung als Instrument der Unternehmungsführung' (als Buch veröffentlicht im C.E. Poeschel Verlag, Stuttgart 1987). Vgl. weitere Informationen zur Person und den Arbeitsgebieten auf www.iop.unibe.ch.

Dr. Vera Friedli hat an der Universität Bern Wirtschaftswissenschaften und Wirtschaftspädagogik studiert und erwarb Abschlüsse als lic. rer. pol. und mag. rer. pol. Seit Mai 1998 arbeitet sie als Wissenschaftliche Assistentin am Institut für Organisation und Personal der Universität Bern. Sie verfasste eine Dissertation zum Thema ‚Betriebliche Karriereplanung' und erhielt im Oktober 2001 den Titel Dr. rer. pol. Neben ihrer Arbeit am IOP und am Gymnasium der Neuen Mittelschule Bern (NMS) verfolgte sie eine Ausbildung zur Musikerin (Lehrdiplom mit Hauptfach Orgel) und ist als Kirchenmusikerin tätig.

Hauptthema Betriebswirtschaft

Vera Friedli

Die betriebliche Karriereplanung

Konzeptionelle Grundlagen und empirische Studien aus der Unternehmensperspektive

«Berner betriebswirtschaftliche Schriften» Band 27
XXII + 343 Seiten, 37 Abbildungen, 24 Tabellen, kartoniert
CHF 62.– / € 39.90
ISBN 3-258-06471-7

Fragen der betrieblichen Karriere- bzw. Laufbahnplanung werden bereits seit einigen Jahrzehnten in der Fachliteratur behandelt. Allerdings hat sich die Ausgangslage für das zu untersuchende Konzept und Instrumentarium des Personalmanagements in letzter Zeit verändert. Der intensivierte Wettbewerb und die verstärkte Globalisierung führten zu strategischen Neuausrichtungen, die in vielen Fällen Konzentrationen auf das Kerngeschäft und Zusammenschlüsse zur Folge hatten. Diese strategischen Aktivitäten und deren organisatorische Konsequenzen führten auch für Mitarbeitende und Führungskräfte eine neue Ausgangslage herbei. Es kam nicht nur zum Personalabbau, sondern auch zur Reduktion von Führungsebenen. Dadurch verringerte sich für die verbleibenden Mitarbeitenden die Chance, eine traditionelle Karriere (Linienkarriere) zu durchlaufen. Da Karrieren auch ein Teil eines umfassenden Anreizsystems sind, hatte die neue Entwicklung Auswirkungen auf die Leistungsmotivation der Systemmitglieder. In der letzten Generation war eine fortlaufende Erhöhung der formalen Qualifikation (z. B. Anteil der Matura- und Hochschulabschlüsse) zu verzeichnen. Traditionellerweise verband sich damit die Erwartung, im Laufe eines Berufslebens höhere Positionen einnehmen zu können. Das einerseits verminderte Stellenreservoir und die andererseits gesteigerten Erwartungen der Stellenanwärter erhöhten den Druck auf die Verantwortlichen für das Personalmanagement, neue Modelle zu konzipieren, die sowohl den betrieblichen als auch den persönlichen Interessen Rechnung tragen.

: Haupt **Haupt Verlag** Bern · Stuttgart · Wien
verlag@haupt.ch · www.haupt.ch

Hauptthema Betriebswirtschaft

Norbert Thom / Andreas P. Wenger / Robert Zaugg

Fälle zu Organisation und Personal

Didaktik – Fallstudien – Lösungen
Theoriebausteine

4., durchgesehene Auflage
XX + 400 Seiten, 38 Abbildungen, 45 Tabellen, kartoniert
CHF 38.– / € 24.90
ISBN 3-258-06634-5

Das bewährte Fallstudienbuch erscheint jetzt in der vierten, durchgesehenen Auflage. Es enthält zehn Fälle und Lösungen aus der Praxis, die zur Verwendung in der Lehre überarbeitet und im Rahmen von Prüfungen getestet wurden. Thematisiert werden u.a. die organisatorische Gestaltung, die Aufbau- und Ablauforganisation, das Personalmanagement, die Unternehmungskultur und das Ideenmanagement. Im Vordergrund stehen die Vertiefung vorhandenen Fachwissens, die Beherrschung von Managementtechniken und die Verdichtung problemrelevanter Informationen. Das Werk richtet sich an Studierende, Dozierende und Praktiker.

«Es ist den drei Herausgebern in vorbildlicher Weise gelungen, zehn interessante Fallstudien, die in der Schweizer Wirtschaft erarbeitet worden sind, in didaktisch gut aufbereiteter und theoretisch untermauerter Form zu präsentieren.»
Frankfurter Allgemeine Zeitung

: Haupt   **Haupt Verlag** Bern · Stuttgart · Wien
verlag@haupt.ch · www.haupt.ch

Hauptthema Betriebswirtschaft

Norbert Thom / Robert Zaugg (Hrsg.)

Excellence durch Personal- und Organisationskompetenz

2001. XXXII + 457 Seiten, 65 Abbildungen, gebunden
CHF 48.– / € 32.–
ISBN 3-258-06306-0

«Exzellente Unternehmungen lassen sich dadurch charakterisieren, dass sie in vielen Bereichen der Unternehmungsentwicklung Ergebnisse erzielen, die als richtungsweisend und nachahmenswert angesehen werden.»

Unternehmungen und öffentliche Institutionen müssen ihre Strukturen und Prozesse sowie ihr Personalmanagement flexibel und rasch dem steten Wandel anpassen. Als lernende Organisationen sollten sie in der Lage sein, ihre Wissensbasis kontinuierlich weiterzuentwickeln. Diese Tatsache bedingt ein Umdenken im Selbstverständnis des Personal-, Organisations- und Wissensmanagements. Es gilt, diese Funktionen zu POWer-Kompetenzen auszubauen und dadurch die Voraussetzungen für die Erreichung von Excellence zu schaffen.

In diesem Sammelwerk kommen Experten und Expertinnen aus Wissenschaft und Praxis zu Wort. Sie stellen in komprimierter Form die neusten Trends und Entwicklungen in den Bereichen Personal, Organisation, Innovation und Wissen sowie Public Management vor.

: Haupt **Haupt Verlag** Bern · Stuttgart · Wien
verlag@haupt.ch · www.haupt.ch